olg haben als private r Wohnim-
rem Vermögen eine neue Per-
zielle Unabhängigkeit erlangen.
eine Vorkenntnisse voraus und
eignet. Sie gliedert sich in insge-
als Taschenbuch und Ebook er-
e Teile hintereinander durchar-
ine praktische Ausbildung zum
die einzelnen Teile in sich abge-
n enthalten, können Sie diese
punktuell Ihr Wissen zu vertie-

auch meine Gesamtdarstellung
dienen mit Wohnimmobilien"
darstellung werden alle Themen
in Immobilien behandelt und
erklärt. Wenn Sie noch keine
ch umfassend informieren wol-
stellung "Geld verdienen mit
e geeignet. Wenn Sie nur punk-
wollen, wäre der entsprechen-
ür Sie geeignet.

4

ALEXANDER GOLDWEIN

IMMOBILIEN RICHTIG FINANZIEREN

UND KALKULIEREN

MASTERKURS IMMOBILIENINVESTMENTS

M&E BOOKS VERLAG

Immobilien richtig finanzieren und kalkulieren

Masterkurs Immobilieninvestments

Alexander Goldwein

ISBN 978-3-947201-04-4

2. Auflage 2017

© 2017 by M&E Books Verlag GmbH, Köln

M&E Books Verlag GmbH

Thywissenstraße 2

51065 Köln

Telefon 0221 – 9865 6223

Telefax 0221 – 5609 0953

www.me-books.de

info@me-books.de

Steuer-Nr: 218/5725/1344

USt.-IdNr.: DE310782725

Geschäftsführer: Vu Dinh

Die Deutsche Nationalbibliothek verzeichnet diese Publikation in der Deutschen Nationalbibliographie. Detaillierte bibliographische Daten sind im Internet über http://dnb.de abrufbar.

VO

Auch Sie können Er mobilieninvestor und I spektive geben und fina Diese Buchreihe setzt I ist auch für Anfänger ge samt 5 Teile, die jeweils scheinen. Sie können d beiten und erhalten so Immobilieninvestor. Da schlossene Darstellunge auch separat lesen, um fen.

Alternativ können Si in dem Buch **"Geld ve** erwerben. In der Gesam rund um Kapitalanlage mit konkreten Beispiele Kenntnisse haben und s len, ist die Gesamtda Wohnimmobilien" für S tuell Ihr Wissen vertiefe de Teil dieser Buchreihe

In diesem Teil der Buchreihe vermittle ich Ihnen die Grundlagen der Finanzierung von Renditeimmobilien durch Eigenkapital und Bankdarlehen. Darüber hinaus erkläre ich Ihnen die Berechnung von wichtigen Finanzkennzahlen (z.B. Cash Flow und Rendite) mit dem als Bonusmaterial verfügbaren Excel-Rechentool.

Darüber hinaus umfasst die Buchreihe folgende weitere Teile:

- Strategie zum Reichwerden mit Immobilien
- Immobilien professionell suchen, prüfen und kaufen
- Immobilienkauf- und Bauvertrag rechtssicher abschließen
- Immobilien erfolgreich vermieten und Steuern sparen

Ich bin Wirtschaftsjurist mit einer Spezialisierung im Immobilienrecht. Mit Kapitalanlagen in Immobilien bin ich innerhalb weniger Jahre self-made Millionär geworden. Als Autor und Berater habe ich zahlreiche Menschen zu wirtschaftlichem Erfolg geführt. Mehrere meiner praktischen Ratgeber zu Immobilien sind Bestseller Nr. 1 bei Amazon geworden.

Ich wünsche Ihnen viel Spaß beim Lesen und eine glückliche Hand bei Ihren Kapitalanlagen in Immobilien!

Alexander Goldwein

INHALTSVERZEICHNIS

I. FINANZIERUNG DER IMMOBILIE (EIGENKAPITAL & DARLEHEN)

Sie hatten weiter oben bereits erfahren, dass die Finanzierung der Renditeimmobilie ein sehr wichtiges Thema ist. Große Bedeutung hat dabei die Finanzierungsstruktur, d.h. die Entscheidung, welchen Anteil der Anschaffungskosten Sie durch Eigenkapital und welchen Anteil Sie durch ein Darlehen finanzieren. Diese Gewichtung hat Auswirkungen auf Ihr Chancen-Risiko-Profil. Sie hatten darüber hinaus erfahren, dass ein möglichst hoher Darlehensanteil sich positiv auf die Eigenkapitalrendite und auf den Aktionsradius des Immobilieninvestors auswirkt. Diese Überlegungen wollen wir in den nachfolgenden Abschnitten vertiefen. Dabei werde ich Ihnen auch detaillierte Informationen geben über Darlehensfinanzierungen.

Die Bank ist ein sehr wichtiger Partner für Sie. Denn die Bank ist Ihre Geldquelle, die Ihnen überhaupt ermöglicht, ein größeres Rad zu drehen und Ihre Eigenkapitalrendite auf ein vielfaches der Basisrendite zu hebeln. Aus diesem Grunde ist es fast unmöglich, ohne eine Bank ein erfolgreicher Immobilieninvestor zu werden. Weil das so ist, sollten Sie versuchen, zu einigen Banken eine intensivere Geschäftsbeziehung aufzubauen. Wenn Sie mit einer Bank und dem für Sie zuständigen Bankkaufmann bereits erfolgreich Geschäfte gemacht haben, dann wird er sie bereits kennengelernt haben. Im Idealfall hat der Bankkaufmann gemerkt, dass Sie grundsolide sind und etwas von Renditeimmobilien verstehen. Spätestens beim zweiten Deal, den die Bank finanzieren soll, wird dann alles viel schneller und reibungsloser ablaufen.

Als Darlehensgeber kommen aber nicht nur klassische Banken in Betracht, sondern auch Lebensversicherungen und staatliche Förderbanken und die sogenannten Direktbanken ohne eigenes Filialnetz. Direktbanken agieren ausschließlich über ein Internetportal. Eine recht bekannte Adresse ist z.B. die Comdirect Bank AG.

Darüber hinaus gibt es Finanzmakler. Diese bieten nicht selbst eine Finanzierung an, sondern sie vermitteln die Finanzierung zwischen Bank und Kreditnehmer. Bekannte Adressen sind z.B. Dr. Klein & Co. AG oder die Interhyp AG. Nach meiner Einschätzung ist es ratsam, nur unabhängige Finanzmakler zu kontaktieren, die für eine Vielzahl von Banken als Vermittler tätig sind. Bei Finanzmaklern, die nicht unabhängig arbeiten, besteht die Gefahr, dass sie nur einen kleinen Ausschnitt der Angebote am Markt vermitteln können. Vorsicht ist geboten, wenn Immobilienmakler Ihnen zusätzlich zur Immobilie eine Darlehensfinanzierung vermitteln wollen. Solche Angebote basieren häufig nicht auf den günstigsten Konditionen und werden über hohe Provisionen für den Makler teurer, die am Ende des Tages natürlich vom Darlehensnehmer bezahlt werden.

Sie sollten versuchen, Kontakt zu solchen Spezialisten des Finanzmaklerunternehmens aufzubauen, die sich ausschließlich mit der Vermittlung von Darlehen für Renditeimmobilien befassen. Über diesen Weg können Sie auch wertvolle Kontakte zu den Banken aufbauen, für die die Finanzmakler tätig sind. Prüfen Sie die von Finanzmaklern vermittelten Angebote ebenso kritisch und gründlich wie Direktangebote einer Bank. Die Einschaltung eines Finanzmaklers ersetzt auf keinen Fall eine gründliche Analyse des Marktes und erspart Ihnen auch nicht die Mühe, die vermittelten Angebote kritisch zu überprüfen und die für Sie optimale Finanzierung zu erarbeiten.

Für die Bank sind drei Aspekte besonders wichtig bei der Entscheidung, ob sie Ihnen ein Darlehen zur Verfügung stellt und (wenn ja) zu welchen Konditionen sie das tut:

- **Werthaltigkeit der Immobilie**
- **Kapitaldienstfähigkeit der Immobilie**
- **Ihre persönliche Bonität**

Da die Bank den Kredit mit einem Grundpfandrecht in Form einer Grundschuld auf der Immobilie absichern lässt, verlangt die Bank auch Informationen über die Immobilie, um sich ein Bild von der **Werthaltigkeit** derselben zu machen. Auch deshalb können Sie vor der Festlegung auf eine bestimmte Renditeimmobilie noch keine verbindlichen Angebote von Banken einholen, weil die Bank ihr Kreditangebot und insbesondere auch die Konditionen des Kredites stark von der Werthaltigkeit der Immobilie abhängig macht, die ja als Sicherheit für das Darlehen dienen muss. Im Vorfeld können Sie lediglich Indikationen für Darlehenskonditionen einholen, die nicht verbindlich sind, aber gleichwohl eine grobe Orientierung bieten können.

Darüber hinaus spielt bei der Finanzierung von Renditeimmobilien die **Kapitaldienstfähigkeit** eine große Rolle für den von der Bank angebotenen Darlehenszinssatz und für die Bereitschaft der Bank, einen hohen Darlehensanteil der Finanzierung bereitzustellen.

Schließlich wird eine finanzierende Bank vor der Zusage eines Immobilienkredites auch umfangreiche Informationen über Ihre wirtschaftlichen Verhältnisse einfordern, um Ihre so genannte **Bonität** einzustufen. Das tut die Bank nicht aus Neugier, sondern weil sie gesetzlich dazu verpflichtet ist[1] und weil die Kreditkonditionen auch von der Wirtschaftskraft und den Vermögensverhältnissen des Kreditnehmers abhängen. Bei Kreditnehmern mit guter Bonität wird der Zinssatz günstiger, weil der eingepreiste Risikoaufschlag geringer ausfällt während der Zinssatz bei Kreditnehmern mit schlechter Bonität höher wird.

In diesem Zusammenhang spielen auch Datenbanken mit Informationen über Ihre Zahlungsmoral eine Rolle.

---

[1] Siehe § 18 Abs. 2 Kreditwesengesetz (KWG).

Bestimmt haben Sie schon etwas von der SCHUFA gehört. Dort werden jede Menge Daten über Sie gesammelt,
die von Banken abgerufen werden, wenn sie ihre poten-
tiellen Darlehensnehmer durchleuchten. Sie können die
über Sie gespeicherten Daten bei der SCHUFA abfragen,
um zu sehen, was dort so alles angelandet ist und zu
welchem Ergebnis die SCHUFA bei der Auswertung dieser Daten gelangt ist. Das Ergebnis der Auswertung wird
in einer Prozentzahl zusammengefasst, die die Wahrscheinlichkeit abbilden soll, dass Sie Ihre Schulden
pünktlich bezahlen. Aufgrund von Stichproben bin ich
selbst zu der Einschätzung gelangt, dass die Datenlage
der SCHUFA sehr lückenhaft ist und die Einstufungen
der SCHUFA mit Vorsicht zu genießen sind. Gleichwohl
ist es interessant, zu wissen was man dort über Sie denkt.
Denn Sie müssen einkalkulieren, dass Ihre Bank diese
Daten der SCHUFA als feststehende Fakten zugrunde
legt und nicht weiter hinterfragt.

Wenn Sie nun eine geeignete Renditeimmobilie gefunden und die relevanten Unterlagen über Ihre Bonität
und über die Immobilie zusammengestellt haben, ist der
Zeitpunkt gekommen, um gezielt Angebote einzuholen
und nicht mehr nur Indikationen. Dazu müssen Sie zunächst Überlegungen anstellen, welche Anbieter Sie kontaktieren wollen und welches Darlehensvolumen Sie
nachfragen wollen. Dazu sind natürlich auch Überlegungen über den richtigen Eigenkapitalanteil anzustellen.
Dazu erfahren Sie im folgenden Abschnitt mehr.

1. Wie sollte die Finanzierung aussehen?

Am Anfang Ihrer Überlegungen steht die Frage, wie die Struktur der Finanzierung aussehen soll. Sie müssen entscheiden, wie hoch der Eigenkapitalanteil gewählt wird und wie hoch der Darlehensanteil. Die Wahl hängt natürlich auch maßgeblich mit der Ertragskraft der Immobilie zusammen. Diese Überlegungen wollen wir in den nachfolgenden Abschnitten vertiefen und uns dabei an zwei für die Bank besonders wichtigen Aspekten orientieren: Die **Kapitaldienstfähigkeit** und die **Werthaltigkeit** der Immobilie.

a) Kapitaldienstfähigkeit der Immobilie

Dreh- und Angelpunkt der Finanzierung ist die Kapitaldienstfähigkeit der Renditeimmobilie. Für das Darlehen ist ein Kapitaldienst zu leisten, d. h. die laufenden Darlehenszinsen auf das Restkapital und die vereinbarte Tilgung des Darlehens. Die Nettomieteinnahmen müssen die Bewirtschaftungskosten und darüber hinaus diesen Kapitaldienst für das Darlehen abdecken. Von der Höhe der Mieteinnahmen der Immobilie hängt natürlich ab, welcher Kapitaldienst aus den Einnahmen sicher finanziert werden kann. Davon hängt wiederum ab, welcher Darlehensbetrag maximal finanzierbar ist.

Ausgangspunkt der Überlegungen sind daher die Nettomieteinnahmen nach Abzug von Bewirtschaftungskosten. Der dann verbleibende Betrag ist die Basis für die weiteren Berechnungen, welcher Darlehensbetrag maximal finanzierbar ist. Am besten lässt sich das an einem Beispiel zeigen:

Beispiel:

Gesamtanschaffungskosten für ein Mietwohnhaus:	€ 500.000
Nettomieteinnahmen p.a.:	€ 35.000
./. Bewirtschaftungskosten p.a.:	€ 7.000
Differenz	€ 28.000
=> maximaler Kapitaldienst p.a.	€ 28.000

Frage:
Wie hoch kann der Darlehensanteil maximal sein, wenn der Darlehenszinssatz 2,5% p.a. beträgt und darüber hinaus eine Tilgung in Höhe von 2,5% pro Jahr geleistet werden soll?

Den maximal finanzierbaren Darlehensanteil können wir wie folgt berechnen:

$$\frac{\textbf{Maximaler Kapitaldienst p.a.} \times \textbf{12}}{\textbf{Zins} + \textbf{Tilgung}} = \textbf{Max. Darlehensbetrag}$$

Im konkreten Beispiel ergibt sich darauf folgende Berechnung:

$$\frac{€\,28.000}{2,5\,\%\,+\,2,5\,\%} = €\,560.000$$

Aus dieser Berechnung können Sie ersehen, dass aus den Mieteinnahmen sogar ein höherer Darlehensbetrag finanziert werden könnte als die Gesamtinvestitionskosten. Das heißt aber noch lange nicht, dass Sie dafür eine Darlehensfinanzierung von 100% problemlos von der Bank erhalten würden und eine solche unbedingt anstreben sollten. Es wäre zu riskant, wenn die Mieteinnahmen für die Bewirtschaftungskosten und den Kapitaldienst nur so gerade ausreichen. Es ist erforderlich, hierbei einen Sicherheitspuffer einzuplanen, damit Sie nicht in Schwierigkeiten geraden, wenn größere Instandhaltungsmaßnahmen erforderlich werden oder wenn es zu Leerstand in einzelnen Wohnungen kommt. Darauf wird auch Ihre Bank bestehen. Und das aus guten Gründen.

b) Beleihungswert der Immobilie

Die Höhe des Darlehenszinssatzes hängt neben der aktuellen Lage an den Finanzmärkten auch von der Werthaltigkeit der Immobilie ab, die finanziert werden soll. Die Ausschöpfung des so genannten Beleihungswertes der Immobilie spielt dabei eine große Rolle.

Der Beleihungswert ist der Wert, der erfahrungsgemäß - unabhängig von vorübergehenden, etwa konjunkturell bedingten Wertschwankungen - am maßgeblichen Grundstücksmarkt unter Ausschaltung von spekulativen Elementen während der gesamten Dauer der Beleihung bei einer Veräußerung voraussichtlich sicher erzielt werden kann. Der Beleihungswert liegt unter dem Marktwert und wird durch entsprechende Abschläge vom Marktwert ermittelt.

Von dem festgelegten Beleihungswert wird ein maximaler Prozentsatz von der Bank beliehen, der als Beleihungsgrenze bezeichnet wird. Die Beleihungsgrenze liegt je nach Risikofreudigkeit der Bank in der Regel zwischen 60% und 80% des Beleihungswertes. Je höher die Ausschöpfung des Beleihungswertes mit einer Kreditbelegung ist, desto größer ist das Risiko für die Bank, aus der Verwertung der Immobilie das Darlehen nicht vollständig zurückführen zu können. Daher wird der Darlehenszinssatz höher, wenn der Beleihungswert zu einem höheren Anteil mit einer Kreditaufnahme belegt wird. Aus diesem Grunde fragen alle Banken vor der Herauslegung eines Kreditangebotes für einen Immobilienkauf Informationen ab, aus denen der Beleihungswert berechnet werden kann. Wenn der Darlehensnehmer eine besonders gute Bonität hat, kann die Beleihungsgrenze auch überschritten werden.

c) Festlegung der Finanzierungsstruktur

Aus den obigen Überlegungen ergibt sich wiederum die Notwendigkeit, eine Finanzierungslücke zwischen dem von der Bank maximal akzeptierten Darlehensanteil und den Anschaffungskosten für die Immobilie mit Eigenkapital aufzufüllen. Diese Zusammenhänge bestimmen die relevanten Kriterien für eine gute Finanzierungsstruktur. Man könnte formelhaft zusammenfassen, dass das Verhältnis von Darlehensanteil und Eigenkapitalanteil ausgewogen sein muss: So wenig Eigenkapital wie möglich, aber so viel wie nötig. Wie viel Eigenkapital ist aber nun „nötig"?

Die oben angestellte Berechnung des maximal finanzierbaren Darlehensanteils aus den Mieteinnahmen hat letztendlich den Erkenntniswert, dass sie ein Bild von dem Verhältnis des verfügbaren Cash-Flow für den Kapitaldienst zu dem maximal finanzierbaren Darlehensbetrag liefert. Wenn diese Berechnung zu einem Wert führt, der unterhalb der Anschaffungskosten liegt, dann ist bereits rein rechnerisch eine Finanzierung zu 100% mit einem Darlehen nicht möglich. Der fehlende Betrag müsste zwingend mit Eigenkapital abgedeckt werden. Bei der Entscheidung über die Höhe des Darlehensanteils und des Eigenkapitalanteils sind daher zunächst diese Zusammenhänge in den Blick zu nehmen. Es sollte dabei ein vernünftiger Kompromiss gefunden werden, der sowohl das Risiko von finanziellen Engpässen als auch eine zu starke Eigenkapitalbindung vermeidet.

Am besten kann man sich einer ausgewogenen Finanzierungsstruktur nähern, indem man Berechnungen mit unterschiedlich hohem Darlehensanteil durchführt. Dabei sollten für die verschiedenen Fälle jeweils der freie Cash-Flow nach Bedienung von Bewirtschaftungskosten und Kapitaldienst und die Eigenkapitalrendite berechnet werden. Berechnen Sie z.B. einfach diese beiden Werte bei einem Eigenkapitalanteil von 50% und von 80% und schauen Sie sich die Ergebnisse an. Diese Berechnungen können Sie mit dem als Bonusmaterial zu diesem Buch verfügbaren Berechnungstool durchführen, das in Kapitel IX. ausführlich erklärt wird.

Da dieses Zahlenwerk auch von dem Darlehenszinssatz als maßgeblicher Größe abhängt, sollten solche Berechnungen nach Rücksprache mit der Bank verfeinert werden. Denn die Bank wird die Höhe des Darlehenszinssatzes auch von dem Risiko abhängig machen. Das bedeutet, dass ein sehr hoher Darlehensanteil zu einem höheren Darlehenszinssatz führt und umgekehrt. Wenn Sie abschließend die Höhe des Darlehensanteils festgelegt haben, können Sie konkrete Angebote einholen für eine Darlehensfinanzierung. Welche Formen von Darlehen es gibt und welche Anbieter am Markt vertreten sind, erkläre ich Ihnen in den folgenden Abschnitten Schritt für Schritt.

2. ANNUITÄTENDARLEHEN MIT FESTZINSSATZBINDUNG

Das von den Banken am häufigsten vertriebene Kreditprodukt zur Immobilienfinanzierung stellt das **Annuitätendarlehen** mit Festzinssatzbindung dar. Diese Form der Finanzierung wird von allen Banken, Sparkassen und Direktbanken angeboten. Dabei handelt es sich um ein Darlehen, das mit einer Festzinssatzbindung und einer laufenden Tilgung versehen ist. Es wird mit **gleich bleibend hohen Raten** bedient. Diese enthalten sowohl die laufenden Zinsen auf den Darlehensbetrag als auch einen Tilgungsanteil zur Rückführung des Darlehens. In aller Regel wird das Annuitätendarlehen mit einer erstrangigen Grundschuld besichert.

Zum Verständnis ist es hilfreich, das Annuitätendarlehen von zwei weiteren Darlehensvarianten abzugrenzen. Die zwei weiteren Varianten sind das **Ratendarlehen** und das **endfällige Darlehen**:

Beim **Ratendarlehen** sind die monatlichen Raten nicht gleich bleibend hoch, sondern ändern sich laufend. Das rührt daher, dass beim Ratendarlehen von vornherein ein fixer Tilgungssatz vereinbart wird. Mit fortschreitender Tilgung ändert sich beim Ratendarlehen die monatliche Zinslast, wohingegen der Tilgungsbetrag gleich hoch bleibt. Dadurch nehmen die Raten im Laufe der Zeit mit fortschreitender Tilgung betragsmäßig ab.

Das **endfällige Darlehen** zeichnet sich dadurch aus, dass während der Laufzeit überhaupt keine Tilgungsleistungen erfolgen, sondern nur Zinsen gezahlt werden. Die monatliche Rate ist genau wie beim Annuitätendarlehen konstant, enthält aber nur Zinsen und keine Tilgung.

Im Folgenden möchte ich Ihnen zunächst die in der Praxis des Immobilienkaufes am häufigsten vorkommende Variante in Form des Annuitätendarlehens mit Festzinssatzbindung und laufender Tilgung näher vorstellen. Bei einem solchen Darlehen sind neben dem Darlehensbetrag vier Stellgrößen wichtig:

- **Nominalzinssatz in % pro Jahr**
- **Anfänglicher Tilgungssatz in % des Darlehensbetrages**
- **Zinsfestschreibungsdauer in Jahren**
- **Sondertilgungsrechte**

Wenn von den Konditionen eines Annuitätendarlehens die Rede ist, so sollten Sie Ihr Augenmerk auf diese vier Stellgrößen richten, da diese maßgeblich sind für die Kosten eines Darlehens. Aus diesen Eckdaten können alle anderen Kosten und Belastungen berechnet werden. Das gilt insbesondere für die Gesamtzinslast und die Laufzeit des Darlehens bis zur Volltilgung.

a) Nominalzinssatz und Effektivzinssatz

Zunächst möchte ich auf den Darlehenszinssatz zu sprechen kommen, der ja die markanteste Stellgröße darstellt. Wenn Sie sich ein typisches Immobilienkreditangebot anschauen, werden Sie feststellen, dass dort mit einem Nominalzinssatz und einem Effektivzinssatz gearbeitet wird. Der **Nominalzinssatz** gibt den Zinssatz an, der auf den Darlehensbetrag für die jeweilige Zinsperiode berechnet wird. Der Nominalzinssatz ist die Größe, mit der Anbieter von Immobilienfinanzierungen ja auch in der Regel werben. Je niedriger der Nominalzinssatz für einen Bankkredit ist, desto günstiger ist eine Finanzierung grundsätzlich.

Die Höhe des Nominalzinssatzes hängt neben der aktuellen Lage an den Finanzmärkten auch von Ihrer persönlichen Bonität und von der Werthaltigkeit der Immobilie ab, die finanziert werden soll. Darüber hinaus spielt die Ausschöpfung des so genannten Beleihungswertes der Immobilie eine große Rolle für die Höhe des Nominalzinssatzes.

Der **anfängliche effektive Jahreszinssatz** hingegen beziffert den Zinssatz unter Einrechnung von Kosten und unter Berücksichtigung der Tilgungsstruktur. Er wird ebenfalls in Prozent pro Jahr ausgedrückt und ist naturgemäß höher als der Nominalzinssatz. Der effektive Jahreszinssatz ist in der Preisangabenverordnung (PAngV) beschrieben.

Der Effektivzinssatz sagt Ihnen jedoch noch nichts über die Gesamtzinslast in Euro und die Laufzeit eines Kredites bis zur vollständigen Tilgung. Mit der blanken Zahl eines Effektivzinssatzes können Sie m. E. noch nicht viel anfangen. Daher vertrete ich die Auffassung,

dass Sie sich mit dem Vergleich des jährlichen Effektivzinssatzes nicht zufrieden geben dürfen, sondern die tat-
sächliche Gesamtzinslast bis zur vollständigen Rückführung des Kredites berechnen müssen, um wirklich be-
lastbare Zahlen zu bekommen, auf die Sie Ihre Entschei-
dungen und Ihre Planungen aufbauen können. Nur dieser Ansatz ermöglicht Ihnen, eine Entscheidung zu tref-
fen, die die gesamten Kosten eine Darlehensfinanzierung
in den Blick nimmt.

Darüber hinaus sollten Sie auch auf hinreichende
Flexibilität z.B. in Form von vertraglichen Sondertilgungsrechten achten, um das Darlehen schneller zurückführen zu können, weil das die Gesamtzinslast und damit die Kosten des Darlehens sehr effektiv reduziert. Sie
finden das weiter unten mit konkreten Rechenbeispielen
belegt.

b) Anfänglicher Tilgungssatz und monatliche Belastung

Der Nominalzinssatz ist jedoch nicht die einzige Stellgröße für die Kosten eines Annuitätendarlehens. Ganz
entscheidend für die Gesamtkosten einer Finanzierung
ist auch die Höhe der anfänglichen Tilgung. Sie wird mit
einem % - Satz der Darlehenssumme festgelegt. Dieser %
- Satz wird deshalb als **anfänglicher** Tilgungssatz bezeichnet, weil er nicht konstant bleibt, sondern mit fortschreitender Rückzahlung des Darlehensbetrages infolge
der gesunkenen Zinslast höher wird.

Die Höhe der monatlich gleich bleibenden Rate ergibt sich aus dem Nominalzinssatz und aus dem anfänglichen Tilgungssatz, der in dem Kreditvertrag vereinbart worden ist. Für die Berechnung kann folgende Formel verwendet werden:

$$\frac{\text{Kreditbetrag} \times (\text{Zinssatz} + \text{Tilgungssatz})}{12} = \text{Monatliche Rate}$$

Beispiel:

Kreditbetrag:	€ 150.000
Nominalzinssatz	2,5% p.a.
Anfängliche Tilgung	3% p.a.
=> monatliche Rate:	€ 687,50

Mit fortschreitender Tilgung des Darlehens steigt der anfängliche Tilgungssatz im Laufe der Zeit erheblich an. So erklärt sich, dass ein Darlehen mit einer anfänglichen Tilgung von z.B. 1% nicht erst nach 100 Jahren zurückgezahlt ist, sondern bereits nach 30 – 40 Jahren.

Je höher der anfängliche Tilgungssatz gewählt wird, desto schneller ist das Darlehen zurückgezahlt und desto geringer fällt die Gesamtzinslast aus. Ich möchte Ihnen das durch ein einfaches Beispiel verdeutlichen, indem ich Ihnen die Ergebnisse einer Finanzierung mit einem Annuitätendarlehen mit 1% anfänglicher Tilgung (**Variante 1**) und 4% anfänglicher Tilgung (**Variante 2**) aus-

werfe und tabellarisch gegenüberstelle. Die entscheidenden Werte finden Sie in den grau hinterlegten Feldern:

	Variante 1	Variante 2	Differenz
Kreditbetrag	€ 150.000	€ 150.000	
Zinssatz nominal p. a.[2]	2,5 %	2,5 %	
anfängliche Tilgung p. a.	1,00 %	4,00 %	3,00 %
Monatliche Rate	€ 438	€ 813	€ 375
Laufzeit bis Volltilgung	40 Jahre	19,5 Jahre	20,5 Jahre
Gesamtzinslast bis Volltilgung	€ 107.073	€ 39.545	€ 67.528
Restvaluta nach 10 Jahren	€ 132.979	€ 81.914	€ 51.065
Zinslast nach 10 Jahren	€ 35.479	€ 29.414	€ 6.065

Sie können an den Ergebnissen für die Laufzeit des
Darlehens bis zur **Volltilgung** und an der Gesamtzinslast
dieses Beispiels sehen, dass eine um 3% höhere anfängliche Tilgung sich ganz erheblich auswirkt: Bei anfänglich
4% Tilgung kann die Laufzeit gegenüber anfänglich 1%
Tilgung um mehr als 20 Jahre verkürzt werden und die
Gesamtzinslast verringert sich um beachtliche € 67.528.

---

[2] Es wird vereinfachend unterstellt, dass der Darlehenszinssatz
für die gesamte Laufzeit des Darlehens konstant 2,5% pro Jahr
beträgt. Diese Annahme führt zu realistischen Ergebnissen,
wenn über die Gesamtlaufzeit der Zinssatz um diesen Wert
herum pendelt. Außerdem entspricht dieser Berechnungsmodus den Vorgaben der Preisangabenverordnung.

Werfen wir darüber hinaus einen Blick auf die entsprechenden Zahlen **nach 10 Jahren**, da es bei Renditeimmobilien ja durchaus wahrscheinlich ist, dass diese nach 10 Jahren verkauft werden und das Darlehen dann vollständig abgelöst wird: Nach 10 Jahren ergibt sich ausweislich der mit „Differenz" überschriebenen Spalte bei der Zinslast immerhin eine Differenz in Höhe von € 6.065.

Darüber hinaus ergibt sich ein weiterer Vorteil aus einer schnelleren Tilgung in Höhe eines Betrages von nochmals € 6.065 bei der Variante 2. Denn durch die höhere anfängliche Tilgung steigt der Tilgungsanteil der Rate schneller an. Sie können diese Berechnung wie folgt nachvollziehen: Wenn wir die Differenz der monatlichen Raten in Höhe von € 375 (= € 813 - € 438) herausrechnen (= 120 Monate x € 375 = € 45.000), dann ergibt sich bei der Tilgung nach 10 Jahren ein Vorteil von exakt € 6.065 (= € 132.979 - € 81.914 - € 45.000). Insgesamt ist daher die Variante 2 gegenüber der Variante 1 nach 10 Jahren um € 12.130 (= € 6.065 x 2) günstiger.

Das Ergebnis dieser Berechnungen können Sie mit Hilfe des als Bonusmaterial zu diesem Buch verfügbaren Berechnungstools selbst nachvollziehen indem Sie die gewählten Eckdaten der obigen Beispiele dort eingeben.[3] Durch dieses Beispiel sollte Ihnen klar werden, welche

---

[3] Eine detaillierte Anleitung zur Benutzung des im Lieferumgang enthaltenen Rechentools finden Sie in Abschnitt II. dieses Buches.

entscheidende Auswirkung die Höhe der anfänglichen Tilgung auf die gesamten Kosten und die Laufzeit des Darlehens hat.

Bei der Strukturierung Ihres Darlehens für den Immobilienkauf sollten Sie daher Ihr Augenmerk darauf richten, von Anfang an eine möglichst hohe Tilgung dar zu stellen. Auch in diesem Punkte können sich relativ überschaubare Differenzbeträge bei der monatlichen Belastung über die Gesamtlaufzeit zu extremen Effekten aufsummieren wie das obige Rechenbeispiel eindrucksvoll zeigt.

An dieser Stelle möchte ich mit einem allgemein verbreiteten Vorurteil aufräumen, dass bei Renditeimmobilien eine möglichst hohe Darlehenszinslast angestrebt werden sollte, weil die Darlehenszinsen von der Steuer abgesetzt werden können. Es ist zwar richtig, dass Darlehenszinsen bei Renditeimmobilien von der Steuer abgesetzt werden können. Das heißt aber noch lange nicht, dass es vorteilhaft ist, möglichst hohe Darlehenszinsen anzustreben. Denn über die Absetzung von der Steuer kann man nur Steuerersparnisse in Höhe von maximal dem Spitzensteuersatz erreichen. Es ist daher ein Verlustgeschäft, mehr Zinsen zu zahlen, weil man nur einen Bruchteil der Kosten über Steuerersparnisse wieder hereinholen kann. Es sollte daher selbstverständlich angestrebt werden, das Darlehen möglichst zügig zu tilgen und damit die Gesamtzinslast zu reduzieren. Das ist auch ein wichtiger Baustein für die Risikosteuerung. Denn das Risiko eines erhöhten Anschlusszinssatzes nach Auslaufen der ersten Festzinsperiode steigt, wenn die Tilgung mikroskopisch klein ist. Wenn Sie das Darlehen hingegen möglichst zügig tilgen, bezieht sich ein höherer Anschlusszinssatz auf eine geringere Restvaluta des Darlehens. Das begrenzt das Risiko einer Kostensteigerung der Darlehensfinanzierung, die bei einer ungünstigen Entwicklung die gesamte Kalkulation sogar in den negativen Bereich ziehen kann. Das ist eine gute Überleitung zum nächsten Thema.

c) Länge der Zinsfestschreibung

Bei einem Immobiliendarlehen legt die Länge der Zinsfestschreibung fest, wie viele Jahre der bei Abschluss gültige Zinssatz für das Darlehen konstant bleibt. Da die Laufzeiten von Immobiliendarlehen auch Zeiträume von über 20 Jahren erreichen, wird der Zinssatz im Normalfall nicht von Anfang an für die ganze Zeit fixiert, sondern zunächst nur für die ersten 5, 10 oder 15 Jahre. In Ausnahmefällen kommen auch längere Zinsfestschreibungen vor. Nach Auslaufen der ersten Festzinsperiode wird dann ein neuer Festzinssatz für eine weitere Periode festgeschrieben oder das Darlehen wird abgelöst. Bei sehr lang laufenden Finanzierungen können auch mehrere Festzinssatzanpassungen hintereinander erfolgen.

Bei Inanspruchnahme eines Bankkredites werden von der Bank grundsätzlich die zur Zeit des Vertragsabschlusses aktuellen Marktzinsen für den Kredit zugrunde gelegt, wobei es eine gewisse Streubreite unter den Anbietern gibt. Die von den Banken angebotenen Zinssätze für Immobilienkredite hängen von den Refinanzierungsmöglichkeiten der Banken an den Kapitalmärkten ab, die die „Einkaufspreise" der Banken für die Eindeckung mit Geld darstellen. Auf diese „Einkaufspreise" sattelt die Bank eine Marge und Risikokosten auf, woraus sich dann der Nominalzinssatz ergibt, der dem Bankkunden angeboten wird.

Der Kreditnehmer muss sich bei Abschluss eines Bankkredites entscheiden, wie lang er die erste Zinsfestschreibung wählt. Eine längere Zinsfestschreibung ist dabei mit einem Zinsaufschlag verbunden. Grund dafür ist, dass die Bank die längere Bindung an einen Festzinssatz laufzeitkongruent an den Kapitalmärkten refinanzieren und dafür höhere „Einkaufspreise" zahlen muss.

Es gibt sowohl wirtschaftliche Argumente für eine möglichst lange Zinsfestschreibung als auch Argumente für eine möglichst kurze Zinsfestschreibung. Ausschlaggebend für die Entscheidung ist das aktuelle Marktzinsniveau bei Abschluss des Darlehens und die Erwartung der zukünftigen Zinsentwicklung an den Kapitalmärkten. In einer historischen Niedrigzinsphase spricht vieles dafür, dass die Zinsen mittelfristig bis langfristig wieder ansteigen werden, was ein Argument dafür wäre, die Zinsfestschreibung möglichst lang zu wählen, um sich das niedrige Zinsniveau lange zu sichern und sich gegen einen Anstieg der Kreditzinsen zu wappnen. In einer historischen Hochzinsphase hingegen ist die Wahrscheinlichkeit größer, dass die Zinsen mittelfristig bis langfristig sinken werden. Das spricht eher dafür, kürzere Zinsbindungsfristen zu wählen, um sich nach Auslaufen der Zinsbindung möglichst zeitnah und ohne Vorfälligkeitsentschädigung auf ein niedrigeres Zinsniveau herunterschleusen zu können. Da die Entwicklung des Zinsniveaus an den Kapitalmärkten nicht sicher vorhergesagt werden kann, wird der Kreditnehmer nur später in der Rückschau wirklich sicher wissen, ob er es richtig gemacht hat.

Darüber hinaus spielt bei Renditeimmobilien der angepeilte Anlagezeitraum eine Rolle. Wenn Sie planen, die Immobilie nach 10 Jahren wieder zu verkaufen, dann wäre es natürlich nicht sinnvoll, eine Zinsfestschreibung für 15 oder 20 Jahre zu vereinbaren. Das ist schon deshalb nicht sinnvoll, weil das zu höheren Aufschlägen auf den Zinssatz führt.

Vorfälligkeitsentschädigung

Sie fragen sich als Leser an dieser Stelle vielleicht, warum man bei fallenden Zinsen nach Abschluss des Kreditvertrages nicht einfach vor Ablauf der Zinsbindungsfrist auf das gesunkene Marktzinsniveau wechseln kann. Die Antwort auf diese Frage fällt ebenso eindeutig wie unbefriedigend für den Kreditnehmer aus: Eine vorzeitige Rückzahlung des Kredites vor Ablauf einer Festzinsperiode ist leider nur gegen eine Vorfälligkeitsentschädigung möglich.

Die Vorfälligkeitsentschädigung wird von der Bank in Rechnung gestellt als Kompensation für die Aufgabe der vertraglichen Festlegung auf das Zeitfenster der Zinsfestschreibung. Die Bank hat ihrerseits Dispositionen mit Vertragspartnern an den Kapitalmärkten getroffen, um sich das ausgeliehene Geld zu bestimmten Konditionen zu beschaffen. Die Auflösung dieser von der Bank getroffenen Dispositionen ist für die Bank mit Kosten verbunden. Darüber hinaus führt die vorzeitige Auflösung der Festzinssatzbindung für die Bank zu einem entgangenen Gewinn, den sie ansonsten bis zum Ende der Zinsbindung eingefahren hätte.[4] Diese beiden Positionen stellt die Bank dem Darlehensnehmer als so genannte Vorfälligkeitsentschädigung in Rechnung und macht die Bezahlung zur Bedingung für eine Auflösung der wechselseitigen vertraglichen Bindung an die Festzinsperiode. Die Vorfälligkeitsentschädigung kann erhebliche Summen erreichen, so dass Sie alles versuchen sollten, diese zu vermeiden.

Sollten Sie in eine Situation geraten, in der Sie um eine Vorfälligkeitsentschädigung nicht herumkommen, so dürfte es ratsam sein, fachliche Hilfe in Anspruch zu nehmen, um die Rechtmäßigkeit und die Höhe der Vorfälligkeitsentschädigung überprüfen zu lassen. Die praktische Erfahrung lehrt, dass es vorkommt, dass Berechnungen von Vorfälligkeitsentschädigungen durch Banken fehlerhaft und überhöht sind.

Aus diesen Überlegungen folgt die Erkenntnis, dass eine lange Zinsbindungsfrist auch Nachteile mit sich

---

[4] Wegen der Einzelheiten verweise ich auf die detaillierte Darstellung weiter unten in Abschnitt 7. b). dieses Kapitels.

bringt, da Sie als Kreditnehmer bei einer vorzeitigen Rückzahlung eine Vorfälligkeitsentschädigung zahlen müssen und damit für einen längeren Zeitraum unflexibel bleiben, das Darlehen vorzeitig abzulösen. Das wird Sie besonders ärgern wenn Sie freie Mittel haben und diese nicht zur vorzeitigen Rückzahlung des Kredites einsetzen dürfen. Des Weiteren ist zu berücksichtigen, dass Banken eine besonders lange Zinsfestschreibung in der Regel mit einem höheren Zinsaufschlag auf das Marktzinsniveau versehen, d.h. je länger die Zinsbindung, desto höher der Zinsaufschlag auf das aktuelle Marktniveau.

Sonderkündigungsrecht ohne Vorfälligkeitsentschädigung

In diesem Zusammenhang möchte ich auf eine Besonderheit hinweisen, die für Sie wichtig werden kann, wenn Sie Zinsfestschreibungen eingegangen sind, die länger als 10 Jahre sind. Der Gesetzgeber räumt dem Kreditnehmer nach 10 Jahren ein kostenfreies Sonderkündigungsrecht ein.[5] Dieses Sonderkündigungsrecht kann vertraglich nicht ausgeschlossen werden und besteht daher immer, egal was die Bank in das *te"* hineinschreibt.

Bei Ausübung dieses Sonderkündigungsrechtes müssen Sie auch dann **keine** Vorfälligkeitsentschädigung an die Bank zahlen, wenn die Zinsbindungsfrist noch nicht

---

[5] Das ist in § 489 BGB geregelt.

ausgelaufen ist. Wenn Sie also eine Zinsbindung von 15 oder 20 Jahren eingegangen sind und nach 10 Jahren feststellen, dass der vertragliche Festzinssatz deutlich höher liegt als der aktuelle Marktzins, haben Sie hiermit eine Möglichkeit, nach 10 Jahren kostenfrei die Reißleine zu ziehen und den Kreditvertrag entschädigungsfrei zu kündigen.

d) Vertragliche Sondertilgungsrechte

Ein weiterer wichtiger Punkt bei den Konditionen eines Annuitätendarlehens mit Festzinssatzbindung sind vertragliche **Sondertilgungsrechte**. Dabei handelt es sich um das Recht des Kreditnehmers, jährlich einen bestimmten Prozentsatz des anfänglichen Darlehensbetrages außerplanmäßig zurückzuzahlen, ohne eine Vorfälligkeitsentschädigung zahlen zu müssen.

Der Kreditvertrag beinhaltet ja die Überlassung der Kreditsumme auf Zeit an den Kreditnehmer und legt eine bestimmte zeitliche Staffelung der Rückzahlung des Geldes in monatlichen Raten fest. Ein vertragliches Sondertilgungsrecht greift in diesen starren „Fahrplan" ein, indem der Kreditnehmer die Option erhält, davon abweichend Teile der Darlehenssumme vorzeitig an die Bank zurück zu zahlen, ohne eine Vorfälligkeitsentschädigung zahlen zu müssen. Der Kreditnehmer kann also jedes Jahr frei entscheiden, ob er den vertraglich vereinbarten Sondertilgungsbetrag außer der Reihe tilgt oder nicht.

Daher bieten sich vertragliche Sondertilgungsrechte immer dann an, wenn Sie als Kreditnehmer vorher noch nicht wissen, ob Sie zukünftig hinreichend freie Mittel haben werden, um eine erhöhte Tilgung zu schultern und darüber erst später entscheiden können oder wollen. Das kann bei Renditeimmobilien besonders hilfreich sein, wenn Sie schwer abschätzen können, welcher Instandhaltungsaufwand in den nächsten 10 Jahren auf Sie zukommt.

Der Vorteil einer Sondertilgung ergibt sich daraus, dass sich diese sofort zinsmindernd auswirkt, weil die Bemessungsgrundlage für die Zinsen sofort abnimmt. Darüber hinaus ändert sich zu Gunsten des Kreditnehmers das Verhältnis von Zins- und Tilgungsanteil der monatlich gleich bleibenden Raten sofort, d.h. der Zinsanteil der monatlichen Rate sinkt und der Tilgungsanteil steigt an. Das kann die Laufzeit von Immobilienkrediten und die Gesamtzinslast ganz erheblich reduzieren.

Die nachfolgende Berechnung greift das oben vorgestellte Beispiel auf und nimmt statt einer erhöhten anfänglichen Tilgung eine jährliche Sondertilgung bei der Variante 2 an (siehe grau hinterlegte Felder):

	Variante 1	Variante 2	Differenz
Kreditbetrag	€ 150.000	€ 150.000	
Zinssatz nominal p. a.[6]	2,5 %	2,5 %	
anfängliche Tilgung p. a.	1,00 %	1,00 %	
Sondertilgung in % des Kreditbetrages	0,00 %	5,00 %	5,00 %
Sondertilgung in € p. a.[7]	€ 0	€ 7.500	€ 7.500
Monatliche Rate	€ 438	€ 438	
Laufzeit bis Volltilgung	40 Jahre	14,2 Jahre	25,8 Jahre
Gesamtzinslast bis Volltilgung	€ 107.073	€ 29.238	€ 77.835
Restvaluta nach 10 Jahren	€ 132.979	€ 48.826	€ 84.153
Zinslast nach 10 Jahren	€ 35.479	€ 26.326	€ 9.153

Wie Sie aus diesem Berechnungsbeispiel ersehen können, verkürzt sich durch eine jährliche Sondertilgung in Höhe von 5% des ursprünglichen Darlehensbetrages die Laufzeit des Darlehens um mehr als 25 Jahre und die Gesamtzinslast reduziert sich auf weniger als ein Drittel. Nach 10 Jahren ergeben sich Einspareffekte in Höhe von insgesamt € 18.306 aus einer geringeren Zinslast (= € 9.153) und einer günstigeren Tilgung (= € 9.153).

---

[6] Es wird vereinfachend unterstellt, dass der Darlehenszinssatz für die gesamte Laufzeit des Darlehens konstant 2,5% pro Jahr beträgt. Diese Annahme führt zu realistischen Ergebnissen, wenn über die Gesamtlaufzeit der Zinssatz um diesen Wert herum pendelt. Außerdem entspricht dieser Berechnungsmodus den Vorgaben der Preisangabenverordnung.
[7] Es wird bei der Berechnung unterstellt, dass die Sondertilgung im Dezember eines jeden Jahres erfolgt.

Das Ergebnis dieser Berechnungen können Sie mit Hilfe des als Bonusmaterial zu diesem Buch verfügbaren Berechnungstool selbst nachvollziehen, indem Sie die gewählten Eckdaten der obigen Beispiele dort eingeben.[8]

Selbst wenn Sie sich für eine erhöhte anfängliche Tilgung entscheiden, so können Sie durch die zusätzliche Einräumung von vertraglichen Sondertilgungsrechten die Gesamtzinslast und die Laufzeit des Darlehens nochmals erheblich reduzieren, wenn Sie später mehr Liquidität zur Verfügung haben, als Sie geplant hatten. Sie sollten daher auf keinen Fall auf die Einräumung eines vertraglichen Sondertilgungsrechtes verzichten. Bei der Verhandlung von Sondertilgungsrechten rate ich Ihnen jedoch auch, diese in realistischer Höhe zu verhandeln, da die Banken sich besonders hohe Sondertilgungsrechte durch Aufschläge auf den Zinssatz vergüten lassen. Es wäre daher nicht sinnvoll, wenn Sie ein Sondertilgungsrecht in Höhe von jährlich 10% des Darlehensbetrages mit einer Verschlechterung des Nominalzinssatzes erkaufen, aber absehbar ist, dass Sie davon maximal 5% werden ausnutzen können. Eine vorausschauende und realistische Liquiditätsplanung ist hier Voraussetzung für die Verhandlung von optimal dimensionierten Sondertilgungsrechten.

---

[8] Eine detaillierte Anleitung zur Benutzung des im Lieferumgang enthaltenen Rechentools finden Sie in Abschnitt II. dieses Buches.

Nach meiner Erfahrung ist die Vereinbarung eines jährlichen Sondertilgungsrechtes in Höhe von 5% ohne Zinssatzverschlechterung mittlerweile Marktstandard. In diesem Punkte sollten Sie daher bei den Verhandlungen mit Banken keine Schwierigkeiten bekommen.

e) Variabler Zinssatz

Abschließend möchte ich noch auf den Sonderfall zu sprechen kommen, dass auf eine Zinsbindung ganz verzichtet und mit einem variablen Zinssatz operiert wird. Das bedeutet im Ergebnis, dass der bei Vertragsschluss vereinbarte Zinssatz nur eine Momentaufnahme darstellt und schnelle Änderungen vorprogrammiert sind.

Die Bank wird den Zinssatz erhöhen, sobald die Marktzinsen steigen und senken sobald die Marktzinsen sinken. Der Zinssatz für ein Darlehen mit variabler Verzinsung ist im Regelfall niedriger als der Zinssatz bei einer Zinsfestschreibung für einige Jahre, da die Bank nicht längerfristig disponieren muss, sondern Marktschwankungen sofort an den Kreditnehmer weitergeben kann. Eine Differenz von 1% zu einem Festzinssatzangebot ist nicht ungewöhnlich.

Die Wahl eines variablen Zinssatzes bietet sich insbesondere in einer extremen Hochzinsphase an, wenn mit hoher Wahrscheinlichkeit kurzfristig bis mittelfristig eine Zinssenkung zu erwarten ist. Dann kann der Kreditnehmer so lange mit einer Zinsfestschreibung warten, bis der Marktzins auf ein erträglicheres Niveau gefallen ist.

Denn ein variables Darlehen kann jederzeit ohne Vorfälligkeitsentschädigung zurückgezahlt werden, wobei allerdings eine Kündigungsfrist von 3 Monaten einzuhal-
ten ist. Sie sollten darauf achten, dass im Kreditvertrag
mit variablem Zinssatz schon die Option des Kreditnehmers vorgesehen ist, diesen auf einen Vertrag mit Festzinssatz umzustellen.

Steigt der Marktzins entgegen der Erwartungen weiter, geht diese Rechnung natürlich nicht mehr auf, so
dass auch hier ein Risiko verbleibt. Ein variabler Zinssatz
hat den Nachteil für Sie als Kreditnehmer, dass Sie keine
Planungssicherheit haben und, dass sich die monatlichen Belastungen erhöhen, wenn der Zinssatz ansteigt.
Daher ist ein variabler Zinssatz für einen Immobilienkredit überhaupt nur dann zu verantworten, wenn entweder die Kapitaldienstfähigkeit der finanzierten Immobilie sehr komfortabel ist oder wenn der Kreditnehmer
erheblichen finanziellen Spielraum hat, um Mehrbelas-
tungen aufzufangen. Andernfalls droht eine Kündigung
des Krediltes und eine Zwangsversteigerung der Immobilie, wenn der Kreditnehmer die steigenden Belastungen
nicht schultern kann und in Verzug gerät mit der Zahlung der Kreditraten.

f) Forward-Darlehen

Seit Mitte der neunziger Jahre wird darüber hinaus
noch das **Forward-Darlehen** als Darlehensvariante angeboten. Bei Lichte betrachtet handelt es sich dabei jedoch nicht um eine eigene Darlehensform, sondern le-

diglich um einen zeitlich vorverlagerten Abschluss eines Annuitätendarlehens mit Festzinssatzbindung. Die Zeitspanne zwischen dem Vertragsabschluss und dem gewählten Laufzeitbeginn des Forward-Darlehens wird als Forward-Periode bezeichnet. Sie kann mehrere Jahre betragen und wird mit einem Zinsaufschlag auf das aktuelle Marktzinsniveau erkauft.

Eine solche Vereinbarung bietet sich dann für den Kreditnehmer an, wenn das Marktzinsniveau nach seiner Erwartung einen relativen Tiefpunkt erreicht hat und bis zum Ende der noch laufenden Festzinsperiode mit einem Ansteigen der Marktzinsen gerechnet wird. In dieser Situation kann es für den Kreditnehmer sinnvoll sein, mit dem Abschluss einer neuen Festzinssatzperiode nicht bis zum Ablauf der laufenden Festzinsperiode zu warten, sondern ein Forward-Darlehen abzuschließen. Die Forward-Periode ist in diesem Fall deckungsgleich mit der Restlaufzeit der laufenden Festzinsperiode.

Steigt das Marktzinsniveau erwartungsgemäß signifikant an, erlangt der Kreditnehmer mit dem Forward-Darlehen dann einen Zinssatz unterhalb des bei Auslaufen der Festzinsperiode gültigen Marktniveaus. Da Kreditnehmer aber an das Forward-Darlehen gebunden und zu deren Abnahme verpflichtet sind, kann sich ein Forward-Darlehen in der Rückschau auch als schlechtes Geschäft herausstellen, wenn die Zinsen entgegen der Erwartung gefallen oder gleich geblieben sind. Kreditnehmer bezahlen in diesem Fall mit dem Forward-Darlehen also höhere Zinsen als wenn die Kreditverlängerung zum festen Termin planmäßig erfolgt und nicht vorgezogen worden wäre. Nimmt der Kreditnehmer den Kredit dann nicht ab, so muss er an die Bank eine Nichtabnahmeentschädigung zahlen. Die Nichtabnahmeentschädigung wird identisch berechnet wie die Vorfälligkeitsentschädigung.

g) Disagio

Das Disagio stellt eine Vorabzahlung von Zinsen dar, mit welcher ein niedrigerer Nominalzinssatz über die Laufzeit des Darlehens erkauft wird. Es wird entweder in Prozent des Kreditbetrages angegeben (üblicherweise in einer Größenordnung von 5 – 10%) oder als Prozentsatz des um das Disagio reduzierten Auszahlungsbetrages des Darlehens ausgedrückt (z.B. 95% Auszahlungsbetrag, was einem Disagio von 5% entspricht).

Das Disagio wird vom Auszahlungsbetrag des Darlehens abgezogen und von der Bank direkt einbehalten. Der Kreditnehmer muss jedoch gleichwohl 100% des Darlehensbetrages verzinsen und tilgen, obwohl er nur einen geringeren Prozentsatz ausgezahlt bekommt. Wegen des nicht ausgezahlten Disagios ist somit ein höherer Kreditbetrag aufzunehmen, zu verzinsen und zurückzuzahlen als bei einem Kredit ohne Disagio. Das ist durchaus ein gewichtiger Nachteil, da sich dadurch unter Umständen auch das Verhältnis des Eigenkapital- und Darlehensanteils an der gesamten Finanzierung ungünstig verschiebt.

Die Vereinbarung eines Disagios kann überhaupt nur dann sinnvoll sein, wenn man den Betrag des Disagios im Jahr der Kreditauszahlung als Werbungskosten steuerrechtlich geltend machen kann. Das ist grundsätzlich nur bei Renditeimmobilien und nicht bei selbst genutzten Wohnimmobilien der Fall. Weitere Voraussetzung der sofortigen steuerrechtlichen Absetzbarkeit ist, dass die Zinsen des Darlehens für mindestens 5 Jahre festgeschrieben werden und das Disagio maximal 5% der Darlehenssumme beträgt.

Der bei Renditeimmobilien durch das Disagio erzielte Steuervorteil besteht in einem Steuerstundungseffekt. Das heißt, dass die Steuerlast in die Zukunft verschoben, aber nicht vermieden wird. Denn der geringere Darlehenszinssatz aufgrund des Disagios führt dazu, dass in den Folgejahren die Zinslast geringer wird und damit auch die Werbungskosten, die von der Steuer abgesetzt werden können. Der Steuerspareffekt ist daher bei Lichte betrachtet eher ein Liquiditätseffekt. Ich persönlich verzichte daher bei meinen Finanzierungen aus all diesen Gründen auf den Einbau eines Disagios.

3. FÖRDERKREDITE & ZUSCHÜSSE

Besonders günstige Zinsen sind auch bei Förderkrediten der KfW oder von Landesförderbanken möglich. Förderkredite können in der Regel nicht direkt bei den Förderbanken beantragt werden, sondern nur über eine so genannte Hausbank (d.h. eine gewöhnliche Geschäftsbank mit Filialen).

Ich würde Ihnen raten, die Internetseiten der Förderinstitute einzusehen und sich über die angebotenen Förderdarlehen und die Förderkriterien zu informieren. Diese Vorgehensweise ist auch deshalb sinnvoll, weil sich die Förderprogramme ständig verändern. Das gilt sowohl für die Voraussetzungen der Inanspruchnahme einer Förderung als auch für die Konditionen. Zu diesem Zweck finden Sie nachfolgend alle Internetadressen der in Deutschland ansässigen Förderbanken aufgelistet:

- Bund: http://www.kfw.de
- Baden-Württemberg: http://www.l-bank.de
- Bayern: http://www.lfa.de
- Berlin: http://www.ibb.de
- Brandenburg: http://www.ilb.de
- Bremen: http://www.bab-bremen.de
- Hamburg: http://www.wk-hamburg.de
- Hessen: http://www.wibank.de
- Mecklenburg-Vorpommern: http://www.lfi-mv.de
- Niedersachsen: http://www.nbank.de

- Nordrhein-Westfalen: http://www.nrwbank.de
- Rheinland-Pfalz: http://www.isb.rlp.de
- Saarland: http://www.sikb.de
- Sachsen: http://www.sab.sachsen.de
- Sachsen-Anhalt: http://www.ib-sachsen-anhalt.de
- Schleswig-Holstein: http://www.ibank-sh.de
- Thüringen: http://www.aufbaubank.de

Beispielhaft möchte ich ein besonders attraktives Förderprogramm der KfW erwähnen, welches extrem zinsgünstige Darlehen für energetische Wohngebäudesanierungen bietet. Es handelt sich um das **Förderprogramm 151 „Energieeffizient Sanieren"**.[9] Aus diesem Programm können Sie Darlehen in Höhe von bis zu € 50.000 pro Wohneinheit zu einem sagenhaft günstigen Zinssatz von 0,75% p. a. erhalten. Wenn Sie beispielsweise ein Mietwohnhaus mit 8 Wohnungen energieeffizient sanieren wollen, dann können Sie somit insgesamt bis zu € 400.000 Förderkredit und maximal € 50.000 pro Wohnung dafür erhalten.

Förderfähig sind Wohngebäude, für die der Bauantrag oder die Bauanzeige vor dem 01.01.1995 gestellt wurde. Das passt insofern sehr gut in das erarbeitete Suchprofil für Renditeimmobilien mit Aufwertungspotential. Das Förderprogramm 151 deckt folgende Maßnahmen ab:

---

[9] Die Details zu diesem Förderprogramm finden Sie auf der folgenden Internetseite: https://goo.gl/w4HEQ

- Wärmedämmung von Wänden, Dachflächen, Keller- und Geschossdecken
- Erneuerung der Fenster und Außentüren
- Erneuerung oder Optimierung der Heizungsanlage
- Erneuerung oder Einbau einer Lüftungsanlage
- Baunebenkosten
- Wiederherstellungskosten
- Beratungs-, Planungs- und Baubegleitungsleistungen

Diese Einzelmaßnahmen müssen bestimmte technische Mindestanforderungen erfüllen, was durch einen Energieberater zu bestätigen ist.

Darüber hinaus sind auch noch Tilgungszuschüsse und weitere Zuschüsse möglich. Die Einzelheiten können Sie in dem Merkblatt der KfW nachlesen, welches auf der Internetseite der KfW zum Download bereitgehalten wird.[10]

Eine energetische Wohngebäudesanierung lässt sich übrigens auch sehr gut in die Aufwertungsstrategie eines Immobilieninvestors einbauen. Insbesondere sind Mieter eher bereit, Mieterhöhungen zu akzeptieren, wenn diese mit Energieeinsparmöglichkeiten einhergehen. Und schließlich gibt es genau für diesen Fall noch die Mieterhöhungsmöglichkeit in § 559 BGB. Wie Sie sehen, ist das für den klugen Immobilieninvestor unter allen erdenklichen Aspekten ein erfreuliches Thema.

---

[10] Die Details zu diesem Förderprogramm finden Sie auf der folgenden Internetseite: https://goo.gl/w4HEQ

4. LEBENSVERSICHERUNG ALS DARLEHENSGEBER

Neben den Banken werden Immobiliendarlehen auch von Lebensversicherungen angeboten. Bei diesen Angeboten besteht häufig die Besonderheit, dass die Darlehen nicht laufend getilgt werden. Die Darlehen sind vielmehr endfällig zurückzuzahlen und während der Laufzeit werden lediglich Zinsen, aber keine Tilgungen gezahlt.

Es gab Zeiten, in denen solche Darlehen mit einer Lebensversicherung kombiniert wurden, mit der das Darlehen bei Endfälligkeit in einer Summe zurückgeführt wird. Von dieser Form der Immobilienfinanzierung ist eher ab zu raten. Die Tilgungsaussetzung erweist sich in der Regel als gravierender Nachteil, der die Gesamtzinsbelastung über die Laufzeit erheblich erhöht. Die Zinsen fallen ja während der gesamten Laufzeit auf den gesamten Kreditbetrag an, wenn nicht getilgt wird.

Ein weiterer Nachteil ist, dass eine zu zahlende Vorfälligkeitsentschädigung bei vorzeitiger Rückzahlung des Darlehens (z.B. im Falle eines Verkaufes der Immobilie) deutlich höher ausfällt, weil sie mangels Tilgung stets auf den gesamten Kreditbetrag anfällt. Diese Nachteile werden durch die Rendite der Lebensversicherung nur in extremen Ausnahmefällen kompensiert. Des Weiteren hat die Lebensversicherung den Nachteil, dass die Höhe der Ablaufleistung nur mit einem Sockelbetrag garantiert wird. Die Höhe des Überschussanteiles wird nur prognostiziert, aber nicht garantiert und hängt vom Anlagegeschick der Vermögensverwalter der Lebensversicherung und von der Entwicklung an den Finanz- und Aktienmärkten ab. Bei vorzeitiger Auflösung der Lebensversicherung zum Rückkaufswert treten für den Darlehenskunden und Versicherungsnehmer weitere Verluste auf, weil der Rückkaufswert deutlich niedriger liegt als die Ablaufleistung.

Darüber hinaus ist zum 1.1.2005 der Steuervorteil für Erträge aus Kapitallebensversicherungen entfallen, so dass auch in steuerrechtlicher Hinsicht diese Konstruktion nachteiliger geworden ist. Die steuerrechtliche Privilegierung bestand auch nach alter Rechtslage nur für Lebensversicherungen, die als Sicherheit für die Finanzierung einer selbst genutzten Immobilie an die Bank abgetreten wurden. Eine Abtretung im Rahmen einer Finanzierung einer Renditeimmobilie war auch damals schon steuerschädlich. Daher ist dieses Thema bei Lichte betrachtet kein Thema für einen Immobilieninvestor. Daher möchte ich das an dieser Stelle auch nicht weiter vertiefen.

Als Fazit können wir festhalten, dass Lebensversicherungen als Darlehensgeber in Erwägung gezogen werden können. Sie sollten jedoch als Kluger Investor Abstand halten von endfälligen Finanzierungen ohne Tilgung und von einer Kombination eines Darlehens mit einer Lebensversicherung.

5. PFANDBRIEFBANKEN

Beim Pfandbriefkredit handelt es sich um ein Annuitätendarlehen, welches zwingend mit einem erstrangigen
Grundpfandrecht abgesichert ist und bei dem Höhe des
Darlehens auf 60% des Beleihungswertes der Immobilie
begrenzt ist.[11]

Durch diese einschränkenden Vorgaben des Pfand-
briefgesetzes wird sichergestellt, dass diese Darlehen besonders risikoarm sind. Pfandbriefemissionen von Banken dürfen nur mit solchen Krediten als Sicherheit un-
terlegt sein, die diese Anforderungen erfüllen.

Wenn ein Immobilienkreditnehmer es schafft, den
Anteil der Kreditfinanzierung eines Immobilienkaufes
unterhalb dieser gesetzlichen Grenze von 60% des Beleihungswertes der Immobilie zu halten, so kann er wegen
des für die Bank reduzierten Risikos und der günstigen
Refinanzierungsmöglichkeit der Bank durch Pfandbriefe
mit besonders günstigen Kreditzinsen rechnen.

Allerdings ist zu berücksichtigen, dass sich diese Strategie nicht in allen Fällen gut verträgt mit der Strategie,
die Eigenkapitalrendite durch einen möglichst hohen
Darlehensanteil zu hebeln.

Daher ist im Einzelfall zu rechnen, ob der günstigere
Zinssatz die geringere Hebelung der Eigenkapitalrendite

---

[11] Siehe § 14 Pfandbriefgesetz.

insgesamt kompensieren kann. Darüber hinaus ist bei diesen Überlegungen natürlich auch die Risikosteuerung im Blick zu behalten.

Eine Liste sämtlicher Banken in Deutschland, die pfandbrieffähige Immobilienkredite ausreichen und Pfandbriefe emittieren, wird auf der Internetseite der Deutschen Bundesbank bereitgehalten und laufend aktualisiert.[12]

---

[12] Die Liste der Pfandbriefbanken finden Sie auf der folgenden Internetseite: https://goo.gl/3ODtd7

6. DIREKTBANKEN UND FINANZMAKLER

Unter **Direktbanken** versteht man Banken ohne Filialnetz, die nur über Internet und Telefon erreichbar sind.[13] Aufgrund der kostengünstigen Vertriebswege ohne Filialnetz bieten Direktbanken häufig günstigere Konditionen an als Filialbanken. Daher sollten Sie Direktbanken unbedingt in den Verteiler Ihrer Finanzierungsanfragen aufnehmen.

Finanzmakler hingegen bieten nicht selbst eine Finanzierung an, sondern sie vermitteln die Finanzierung zwischen Bank und Kreditnehmer. Bekannte Adressen sind z.B. Dr. Klein & Co. AG oder die Interhyp AG. Nach meiner Einschätzung ist es ratsam, nur unabhängige Finanzmakler zu kontaktieren, die für eine Vielzahl von Banken als Vermittler tätig sind. Bei Finanzmaklern, die nicht unabhängig arbeiten, besteht die Gefahr, dass sie nur einen kleinen Ausschnitt der Angebote am Markt vermitteln können. Prüfen Sie die von Finanzmaklern vermittelten Angebote ebenso kritisch und gründlich wie Direktangebote einer Bank. Die Einschaltung eines Finanzmaklers ersetzt auf keinen Fall eine gründliche Analyse des Marktes und erspart Ihnen auch nicht die Mühe, die vermittelten Angebote kritisch zu überprüfen und die für Sie optimale Finanzierung zu finden.

---

[13] z.B. comdirect bank AG oder ING DiBa AG

7. KREDITNEBENKOSTEN, GEBÜHREN UND BANKENTGELTE

Das Thema Nebenkosten und Bankgebühren bei Immobiliendarlehen ist ein Dauerbrenner in den Medien. Immer wieder haben sich auch Gerichte damit beschäftigt. Daher habe ich diesem Thema einen eigenen Abschnitt gewidmet, um Sie für die Verhandlungen mit den Banken zu rüsten. Selbstverständlich beruht die folgende Darstellung auf der aktuellen Rechtsprechung und versetzt Sie so in den Stand, gegenüber der Bank mit hoher Durchschlagskraft zu argumentieren und in der Regel eine Vielzahl von fragwürdigen Gebühren und Nebenkosten erfolgreich abzuwehren oder auf das rechtlich zulässige Maß zurückzustutzen.

a) Wertermittlungsgebühr für die Immobilie

Seit vielen Jahren verlangen Banken Wertermittlungsgebühren von den Bankkunden beim Abschluss eines Immobiliendarlehens. Dafür enthalten die Kreditvertragsformulare in der Regel Klauseln, die die Verpflichtung des Kunden begründen sollen, eine Wertermittlungs- oder Schätzgebühr zu zahlen. Das angeführte Argument der Banken ist dabei, dass sie den Wert der Immobilie ermitteln müssen, um beurteilen zu können, wie hoch der maximale Kreditbetrag sein darf, der als Darlehen herausgelegt werden kann. Diese Gebühr schlägt mit Beträgen von € 250 bis zu € 500 zu Buche. Diese Wertermittlungsgebühr brauchen Sie jedoch nicht (mehr) zu akzeptieren, denn es ist gerichtlich entschieden, dass eine solche nicht verlangt werden kann, auch wenn das *Kleingedruckte* des Vertrages oder die Allgemeinen Geschäftsbedingungen eine solche Verpflichtung des Kreditnehmers vorsehen.[14]

Nach Auffassung der Gerichte erfolgt die Wertermittlung nicht im Interesse des Kunden, sondern im Interesse der Bank und auf der Grundlage von gesetzlichen Verpflichtungen der Bank, so dass es nur konsequent ist, dass dafür keine Gebühr vom Kreditnehmer verlangt werden kann.

b) Vorfälligkeitsentschädigung

Wer ein Immobiliendarlehen mit Festzinssatzvereinbarung vorzeitig zurückzahlen will, muss der Bank dafür

---

[14] Ich verweise auf Landgericht Stuttgart, Urteil v. 24.04.2007, abgedruckt in Wertpapiermitteilungen - Zeitschrift für Wirtschafts- und Bankrecht 2007, S. 1930 ff.; Oberlandesgericht Düsseldorf, Urteil v. 05.11.2009, abgedruckt in Wertpapiermitteilungen - Zeitschrift für Wirtschafts- und Bankrecht 2010, S. 215 ff.; Oberlandesgericht Celle, Beschluss v. 10.06.2010, abgedruckt in Wertpapiermitteilungen - Zeitschrift für Wirtschafts- und Bankrecht 2010, S. 1980 ff. sowie Nobbe (ehemals vorsitzender Richter des Bankensenates des Bundesgerichtshofes) in Wertpapiermitteilungen - Zeitschrift für Wirtschafts- und Bankrecht 2008, S. 185 ff. (194).

in aller Regel eine Entschädigung zahlen. Diese wird als **Vorfälligkeitsentschädigung** bezeichnet. Sie ist gesetzlich geregelt in § 490 Abs. 2 BGB. Da fast alle Immobilienkredite eine Zinsfestschreibung haben (üblicherweise zwischen 5 und 15 Jahren), stellt sich die Frage der Vorfälligkeitsentschädigung für Immobilienerwerber fast immer, wenn das Darlehen vor Ende der Zinsfestschreibung zurückgeführt werden soll.

Der Kreditnehmer darf das Darlehen nach der gesetzlichen Regelung nur dann vorzeitig zurückzahlen, wenn er dazu ein berechtigtes Interesse hat.[15] Ein berechtigtes Interesse kann sich z.B. aus einem Verkauf der Immobilie ergeben. Allerdings entsteht bei der vorzeitigen Rückzahlung des Kredites auch bei Vorliegen eines berechtigten Interesses ein Anspruch der Bank auf die Vorfälligkeitsentschädigung.

Es ist zwar nicht ausgeschlossen, dass Ihre Bank bereit ist, eine vorzeitige Rückzahlung des Kredites gegen Vorfälligkeitsentschädigung auch dann zu akzeptieren, wenn Sie **kein** berechtigtes Interesse darlegen können (z.B. wenn die Immobilie gar nicht verkauft wird), sondern wenn Sie einfach nur auf ein niedrigeres Zinsniveau wechseln wollen. In diesem Falle wird die Bank jedoch in der Regel ihre stärkere Verhandlungsposition ausnutzen, um sich die vorzeitige Rückzahlung teurer bezahlen zu lassen als in den Fällen eines berechtigten Kündigungsinteresses des Kreditnehmers. Denn leider

---

[15] Siehe § 490 Abs. 2 BGB.

gelten in diesem Fall nicht die vom Bundesgerichtshof entwickelten und nachfolgend dargestellten Einschränkungen der Bank bei der Berechnung der Vorfälligkeitsentschädigung, so dass bei solchen Fallgestaltungen besondere Vorsicht geboten ist.[16]

Der Anspruch der Bank auf die Vorfälligkeitsentschädigung ergibt sich aus den folgenden Überlegungen: Wird das Darlehen vorzeitig zurückgezahlt, so entstehen der Bank nach der Marktzinsmethode zwei Arten von Schäden, die der Bankkunde ausgleichen muss:

- **Refinanzierungsschaden**
- **Margenschaden**

Der **Refinanzierungsschaden** resultiert aus der Refinanzierungsstruktur: Die Bank hatte den Kredit beim Abschluss des Kreditvertrages zu dem damaligen Zinssatz für die Länge der Zinsfestschreibung am Kapitalmarkt refinanziert. Bei vorzeitiger Rückzahlung muss die Bank die Refinanzierung auflösen. Liegen veränderte Marktzinsen zum Zeitpunkt der vorzeitigen Rückzahlung des Darlehens vor, so kann die Bank das Geld nicht mehr zu dem gleichen Marktzins neu anlegen, sondern nur zum aktuellen Marktzins, der niedriger sein kann. Ein ersatzfähiger Refinanzierungsschaden entsteht der Bank also immer dann, wenn der vertraglich vereinbarte Zinssatz höher ist als der aktuelle Marktzins zum Zeit-

---

[16] Siehe Bundesgerichtshof, Urteil v. 06.05.2003, abgedruckt in Neue Juristische Wochenschrift 2003, S. 2230 ff.

punkt der vorzeitigen Rückzahlung. Das heißt, dass der zu ersetzende Schaden immer dann besonders groß ist, wenn die Zinsen seit Kreditvertragsschluss gefallen sind und der aktuelle Marktzins deutlich niedriger ist als der fixierte Kreditzins im Kreditvertrag.

Der **Margenschaden** stellt die Minderung des Gewinns der Bank dar, der sich aus der vorzeitigen Rückzahlung ergibt. Die Bank erzielt ihren Gewinn daraus, dass sie für den Kredit vom Kunden einen höheren Kreditzins fordert als sie selbst für die Refinanzierung am Kapitalmarkt zahlt. Dieser Zinsunterschied wird als Marge bezeichnet. Wird der Kredit vorzeitig zurückgezahlt, erzielt die Bank für den Zeitraum bis zum Ende der laufenden Zinsbindung diese Marge nicht mehr. Dieser Verlust an künftigem Ertrag ist der Margenschaden, der sich aus der vorzeitigen Rückzahlung des Darlehens ergibt. Bei der Berechnung des Zinsmargenschadens muss die Bank nach ständiger Rechtsprechung eine Netto-Zinsmarge ansetzen, welche um die Positionen der eingepreisten Risikokosten und um den ersparten Verwaltungsaufwand zu kürzen ist.

Aus diesen beiden Positionen ergibt sich der Gesamtschaden, der der Bank durch die vorzeitige Abwicklung des Kreditvertrages entsteht. Dieser Gesamtschaden ist die Basis der Vorfälligkeitsentschädigung. Der ermittelte Betrag der Vorfälligkeitsentschädigung ist auf den Zeitpunkt der Zahlung abzuzinsen. Der Schaden kann für einen Zeitraum von maximal 10 Jahren angesetzt werden.[17] In einer wichtigen Grundsatzentscheidung vom 19.01.2016 hat der Bundesgerichtshof außerdem entschieden, dass die Bank bei der Berechnung der Vorfälligkeitsentschädigung künftige Sondertilgungsrechte des Darlehensnehmers berücksichtigen muss.[18] Das reduziert im Ergebnis die Höhe der Vorfälligkeitsentschädigung.

Eine Vorfälligkeitsentschädigung kommt auch dann in Betracht, wenn der Kreditkunde den Kredit gar nicht abruft obwohl ein wirksamer Kreditvertrag geschlossen worden ist (z.B. weil der Immobilienkauf sich zerschlagen hat oder weil der Kreditnehmer einen günstigeren Kredit gefunden hat). In einem solchen Fall kann die Bank ebenfalls eine Vorfälligkeitsentschädigung verlangen, die dann als **Nichtabnahmeentschädigung** bezeichnet wird, aber in der Sache das gleiche bedeutet und auch identisch berechnet wird.[19]

Die Einzelheiten der korrekten Berechnung sind außerordentlich kompliziert. Das wird leider in Einzelfällen von Banken ausgenutzt, um zu verschleiern, dass sie sich

---

[17] Das ergibt sich aus § 489 Absatz 1 Nr. 2 BGB und aus Bundesgerichtshof, Urteil v. 28.04.1988, abgedruckt in BGHZ, Band 104, S. 337 (343).

[18] Bundesgerichtshof, Urteil v. 19.01.2016 (Az XI ZR 388/14). Ich verweise darüber hinaus auf meine dazu veröffentlichte Pressemitteilung, die Sie unter dem folgenden Kurzlink abrufen können: https://goo.gl/QRvYmF

[19] Siehe Bundesgerichtshof, Urteil v. 07.11.2000, abgedruckt in Wertpapiermitteilungen - Zeitschrift für Wirtschafts- und Bankrecht 2001, S. 20 ff.

bei der Berechnung der Vorfälligkeitsentschädigung nicht an die Vorgaben des Gesetzes und der Rechtsprechung halten.

Bei Zinsfestschreibungen für Immobilienkredite, die länger als 10 Jahre dauern, besteht die Möglichkeit, ohne Vorfälligkeitsentschädigung aus der Festzinsbindung vorzeitig nach 10 Jahren auszusteigen. Diese Möglichkeit ergibt sich aus § 489 Absatz 1 Nr. 2 BGB. Sie ist zwingendes Recht und kann vertraglich nicht ausgeschlossen werden, gilt mithin unabhängig vom Inhalt Ihres Kreditvertrages immer. Die 10-Jahres-Frist beginnt ab dem Datum des vollständigen Empfangs des Kreditbetrages. Bei Auszahlung in Teilbeträgen beginnt die Frist erst mit der Auszahlung des letzten Teilbetrages zu laufen. Bei laufenden Darlehensverträgen tritt an die Stelle der Auszahlung die Vereinbarung einer neuen Festzinsbindung nach Auslaufen der alten Festzinsperiode.[20]

Eine weitere Möglichkeit zur Vermeidung der Vorfälligkeitsentschädigung wurde in einem Grundsatzurteil des Bundesgerichtshofes im Jahre 2004 aufgezeigt:[21] Wer ein Haus oder die Eigentumswohnung verkauft und deshalb den Immobilienkredit vorzeitig kündigen will, kann seiner Bank die Fortführung des Altkredits mit Hilfe einer gleichwertigen Sicherheit anbieten und damit der Bank den Anspruch auf Vorfälligkeitsentschädigung

---

[20] Siehe § 489 Abs. 1 Nr. 2 BGB.
[21] Siehe Bundesgerichtshof, Urteil vom 3. 2. 2004, abgedruckt in Neue Juristische Wochenschrift 2004, S. 1730 ff.

aus der Hand schlagen. Allerdings funktioniert dieser Kniff nur dann, wenn die Alternativimmobilie, auf die der Kredit und die Grundschuld *„umgezogen"* werden sollen, der Bank gleiche Sicherheit bietet und die Fortführung des Kredites mit der anderen Immobilie als Sicherheit der Bank zuzumuten ist.

c) Abschluss- oder Bearbeitungsgebühren

In der Praxis begegnen einem Kreditnehmer zuweilen noch Abschlussgebühren für Immobilienkreditverträge. Die Rechtsprechung zur Zulässigkeit solcher Gebühren war lange Zeit uneinheitlich. Der Bundesgerichtshof hat diese Frage mit Urteil vom 13.05.2014 nun letztverbindlich dahingehend entschieden, dass Abschlussgebühren und Bearbeitungsgebühren für einen Darlehensvertrag den Darlehensnehmer unangemessen benachteiligen und daher in Musterverträgen unzulässig sind.[22]

d) Bereitstellungszinsen

Wenn Sie Darlehensverträge oder Darlehensangebote genau unter die Lupe nehmen, werden Sie in aller Regel feststellen, dass dort eine Position auftaucht mit der Bezeichnung „Bereitstellungszinsen", die mit Ablauf eines bestimmten Datums zu laufen beginnen. Diese Bereit-

---

[22] Bundesgerichtshof, Urteil v. 13.05.2014, abgedruckt in Zeitschrift für Bank – und Kapitalmarktrecht 2014, S. 415 ff.

stellungszinsen sind in der Regel mit einem Prozentsatz bezeichnet, der auf den Monat und nicht auf das Jahr bezogen ist. Wenn dort ein Bereitstellungszinssatz von 0,25% pro Monat ausgewiesen ist, bedeutet das, dass jährlich 3,0% Bereitstellungszinsen anfallen. Die Berechnung von Bereitstellungszinsen ist rechtlich nicht zu beanstanden und vom Bundesgerichtshof und von Instanzgerichten bereits für zulässig erklärt worden.[23] Sie werden also kaum verhandeln können, dass Sie keine Bereitstellungszinsen zahlen müssen. Allenfalls verhandelbar ist das Zeitfenster einer bereitstellungszinsfreien Zeit. Handelsüblich sind 6 Monate ab Vertragsunterzeichnung. Der sicherste Weg zur Vermeidung von Bereitstellungszinsen ist eine gute Planung des Erwerbs bzw. der Immobilienerrichtung.

---

[23] Siehe Bundesgerichtshof, Urteil v. 08.02.1994, abgedruckt in Neue Juristische Wochenschrift 1994, S. 1275 ff.

II. BERECHNUNGSTOOL FÜR FINANZIERUNGSSTRUKTUR & RENDITE

Als Bonusmaterial zu diesem Ratgeber ist ein mächtiges Berechnungstool verfügbar, mit dem Sie alle wichtigen Eckdaten einer Renditeimmobilie erfassen können. Als Erwerber dieses Buches erhalten Sie das Tool kostenlos als Bonus, wenn Sie per Email einen Downloadlink anfordern.[24]

Das Berechnungstool basiert auf dem Tabellenkalkulationsprogramm MS Excel. Es ermöglicht die Erfassung aller relevanten Objekt- und Finanzierungsdaten und verarbeitet diese vollautomatisch weiter zu den für Sie relevanten Werten und Kennzahlen (z.B. Kaufnebenkosten, Darlehenszinsen und Eigenkapitalrendite).

Besonders erwähnen möchte ich die integrierte Erfassung einer Darlehensfinanzierung, die aus der Eingabe der Konditionen eines Darlehensvertrages alle relevanten Werte errechnet und in die weitere Kalkulation automatisiert einspeist. Damit müssen Sie nicht mehr „stü-

---

[24] mk2@alexander-goldwein.de Das Berechnungstool wurde mit größtmöglicher Sorgfalt erstellt. Für die Richtigkeit ist eine Haftung des Autors oder des Verlages ausgeschlossen.

ckeln" mit mehreren Rechentools, sondern haben alles mit einem Tool im Blick. Schließlich enthält das Tool die Funktion, Mietvertragsdaten zu erfassen und den freien Cash-Flow zu ermitteln, der nach Abzug aller Ausgabe-positionen am Ende des Jahres zur Verfügung steht. In den folgenden Abschnitten stelle ich Ihnen die Funktio-nen und die Benutzung des Tools Schritt für Schritt vor. Das Rechentool besteht aus insgesamt 4 Excel-Datenblättern.

1. BASISDATEN

Auf dem ersten Datenblatt mit der Bezeichnung **Basisdaten** sind zunächst die Daten einzutragen, die für die Berechnung grundlegend sind wie z.B. der Kaufpreis und Informationen über die Wohnfläche und die Bewirtschaftungskosten. Auf diese Daten greifen auch die anderen Datenblätter zurück und speisen sie in weitere Rechenschritte ein.

Die auf der folgenden Seite eingefügte Graphik stellt einen Bildschirmausdruck des Datenblattes **Basisdaten** dar: Dieses Datenblatt muss immer ausgefüllt werden, weil diese Zahlen die Basis für alle weiteren Berechnungen darstellen.

Sie können nur in die gelb hinterlegten Felder Daten eingeben. Daraus werden in den weiß hinterlegten Feldern Zwischenergebnisse errechnet und in den orangerot hinterlegten Feldern werden Endergebnisse angezeigt, die vollautomatisch aus den Eingaben errechnet werden. Die Überschriften sind durchgängig grün hinterlegt, um die Orientierung in dem Datenblatt auch farblich zu unterstützen.

Das Datenblatt „**Basisdaten**" ist in 5 fett umrandete Kästen strukturiert. Wichtig ist der obere linke Kasten. Er trägt die Überschrift „**Einmalige Kosten beim Kauf**". In dem Beispiel ist hier in dem ersten gelb hinterlegten Feld der Kaufpreis für die Immobilie in Höhe von € 660.000 eingegeben (siehe Feld D 4).

Daraus werden anhand der Prozentsätze für Makler-provision, Grunderwerbsteuer sowie Notar- und Grund-buchkosten die Kaufnebenkosten vollautomatisch er-rechnet, die in den folgenden weiß hinterlegten Feldern angezeigt werden (siehe Felder D 8 bis D 10).

Einmalige Kosten beim Kauf

Kaufpreis	660.000,00 €
Kaufnebenkosten	
Grunderwerbsteuer	42.900,00 €
Notar	9.900,00 €
Maklerprovision	23.562,00 €
Kosten Wertgutachten	1.146,00 €
Herrichtungskosten	
Renovierung	20.000,00 €
Umbau	0,00 €
Σ Nebenkosten	97.508,00 €
Σ Nebenkosten + Kaufpreis	757.508,00 €

% - Sätze Kaufnebenkosten

Grunderwerbsteuer	6,50%
Notar	1,50%
Maklerprovision	3,57%

Objektdaten Immobilie

Immobilientyp (ETW / Mietwohnhaus)	Mietwohnhaus
Anzahl Wohnungen	15
Anzahl PKW Stellplätze / Garagen	10
Wohnfläche in m²	930
Grundstücksfläche in m²	560
Baujahr	1975
Adresse	Musterstrasse 100
Ort	Musterstadt
Erwerbsdatum	01.01.2010
Nettomieteinnahmen p.a.	75.654,00 €
Mieteinnahmen nach Abzug Bewirtschaftungskosten p.a	60.894,00 €
Bodenrichtwert pro m²	520,00 €
Bodenwert	483.600,00 €
Anteil Anschaffungskosten Gebäude (AfA-Basis)	273.908,00 €
Erweiterte Anschaffungskosten	757.508,00 €

Bewirtschaftungskosten

Verwaltungskosten pro Wohnung p.a	240,00 €
Gesamtverwaltungskosten p.a	3.600,00 €
Instandhaltungskosten pro m² p.a	12,00 €
Gesamtkosten Instandhaltung p.a	11.160,00 €
Σ Bewirtschaftungskosten p.a.	14.760,00 €

Berechnung Einkaufsfaktor und Rendite

Einkaufsfaktor
(= Erweiterte Anschaffungskosten / Mieteinnahmen nach Abzug Bewirtschaftungskosten): **12,44**

Anfangsrendite p.a.
(= Mieteinnahmen nach Abzug Bewirtschaftungskosten / Erweiterte Anschaffungskosten): **8,04%**

Legende:

Grün hinterlegte Felder zeigen Überschriften an.
Gelb hinterlegte Felder erfordern die Eingabe von Daten.
Orangerot hinterlegte Felder zeigen Endergebnisse an.
Weiß hinterlegte Felder zeigen Zwischenergebnisse an.

© M&E Books Verlag

"Geld verdienen mit Wohnimmobilien - Erfolg als privater Immobilieninvestor" von Alexander Goldwein

ISBN-13: 978-0993950643

Link zum Buch bei Amazon: http://www.amazon.de/dp/0993950647

Basisdaten / Mieterliste / Finanzierung / Zins & Tilgungspläne / Cashflow & Rendite

Die relevanten Prozentsätze für die Kaufnebenkosten sind in dem fett umrandeten Kasten weiter rechts hinterlegt. Sie können in den gelb hinterlegten Feldern verändert werden, wenn es im konkreten Fall Abweichungen von den dort eingetragenen Werten gibt. Wenn Sie z.B. ohne Beteiligung eines Immobilienmaklers kaufen, dann setzen Sie den Wert für die Maklerprovision in diesem Kasten einfach auf 0%. Als weitere Kaufnebenkosten sind in diesem Beispiel noch Kosten für ein Wertgutachten (siehe Feld D 11) sowie Kosten für die Renovierung der Immobilie (siehe Feld D 14) eingetragen. So können Sie die **„Erweiterten Anschaffungskosten"** berechnen, um möglichst präzise Werte für die mögliche Rendite zu erhalten.

In dem oberen rechten Kasten werden die Basisdaten zur Immobilie eingetragen. Auch hier gilt, dass nur in die gelb hinterlegten Felder Eintragungen gemacht werden können. Die Bezeichnung der Felder ist selbsterklärend. Ausdrücklich erwähnen möchte ich lediglich den Bodenrichtwert pro m^2 (Feld I 15). Hier ist der entsprechende Wert einzutragen, der zum Zeitpunkt der Anschaffung der Immobilie aktuell ist. Den Wert können Sie über den Gutachterausschuss der Gemeinde ermitteln, in der die Immobilie liegt.[25] Der Bodenrichtwert dient der Errechnung des Gebäudewertes, der wiederum die Grundlage

---

[25] Weiterführende Informationen zu den Bodenrichtwerten und Markrichtwerten sowie Links zu den entsprechenden Datenbanken der Gutachterausschüsse finden Sie auf der folgenden Internetseite: http://www.gutachterausschuesse-online.de/

für die Abschreibungen für Abnutzung darstellt. Das ist der Hintergrund dieser Eingabe. Bei einer **Eigentums- wohnung** müssen Sie bei der Eingabe der Grundstücks- größe in Feld I 8 aufpassen. Hier tragen Sie natürlich nicht die Größe des gesamten Grundstückes ein, auf dem das Haus mit der darin befindlichen Eigentumswohnung steht. Sie tragen nur die anteilige Grundstücksfläche ein, die dem Anteil der Eigentumswohnung am Gemein- schaftseigentum entspricht. Dieser Anteil wird in Form eines Bruchteils ausgedrückt und geht aus der Teilungs- erklärung hervor.[26]

Im unteren rechten Kasten können der Einkaufsfak- tor und die Anfangsrendite einer Immobilie überschlägig ermittelt werden. Da diese Werte von dem Inhalt der Mietverträge abhängen, können sie nur dann korrekt an- gezeigt werden, wenn das Datenblatt „**Mieterliste**" mit den entsprechenden Daten befüllt worden ist. Diese Da- ten werden dann automatisch abgegriffen und es werden hier die entsprechende Anfangsrendite und der Ein- kaufsfaktor angezeigt. Da die Zahlen vollautomatisch durchgerechnet werden aus den Eingaben, können Sie auch schnell errechnen, wie sich die Anfangsrendite und der Einkaufsfaktor ändern, wenn Sie z.B. den Kaufpreis um € 20.000 herunterhandeln. Dazu müssen Sie einfach einen entsprechend niedrigeren Kaufpreis in das rele- vante Feld im Kasten oben links (Feld D 4) eingeben.

---

[26] Eine detaillierte Erklärung der rechtlichen Hintergründe zu Eigentumswohnungen können Sie in meinem Buch „Immobi- lienkauf- und Bauvertrag rechtsicher abschließen" nachlesen.

Noch ein Wort zum hier verwendeten Begriff „**Anfangs-rendite**". Damit ist die Rendite gemeint, die sich bei der Anschaffung ergibt. Natürlich ändert sich die Rendite, wenn die Miete gesteigert wird. Die entsprechend veränderten Renditen in Folgejahren werden in dem letzten Datenblatt „**Cashflow & Rendite**" behandelt.

Im unteren linken Kasten sind die Bewirtschaftungskosten zu erfassen. Dazu gehören natürlich die Verwaltungskosten und die Instandhaltungskosten. Beide sind hier mit pauschalen und üblichen Durchschnittswerten angegeben. In manchen Kalkulationen der Bewirtschaftungskosten findet man die Position „Mietausfallwagnis", die mit einem Prozentsatz zwischen 3 und 5 % angegeben wird. Ich verzichte auf diese Position, weil ich sie nicht für hilfreich halte. Das Risiko von Mietausfall durch insolvente Mieter oder Leerstand lässt sich nicht mit einem pauschalen Prozentsatz abbilden, der für alle Immobilien gleich gewählt wird. Es wäre auch „Kaffeesatzleserei", hier den jeweils zutreffenden Prozentsatz zu ermitteln. Die Aufnahme eines willkürlichen Prozentsatzes zur Adressierung eines Mietausfallwagnisses ist sogar schädlich, weil das suggeriert, dass dieses Risiko damit durch entsprechende Rücklagen eliminiert ist. Tatsächlich lässt sich dieses Risiko jedoch nur durch eine sehr kritische Prüfung der Immobilie vor dem Kauf und der Mieter vor der Vermietung beherrschen. Daher halte ich es für sinnvoller, auf diese Position zu verzichten.

2. MIETERLISTE

Das zweite Datenblatt stellt die „**Mieterliste**" dar. Hier sind sämtliche Daten über die einzelnen Wohnungen und die Mietverträge zu erfassen. Auf der folgenden Seite finden Sie als Graphik einen Bildschirmausdruck des Datenblattes „**Mieterliste**" eingefügt. Das Datenblatt ist weitgehend selbsterklärend.

Neben der Erfassung der aktuellen Mieten ist die Erfassung der marktüblichen Miete aus dem Mietspiegel vorgesehen. Das ermöglicht auf einen Blick einen Abgleich der Ist-Miete mit der Marktmiete und damit die Identifizierung von Mieterhöhungspotential. Zu diesem Zweck ist die Differenz der beiden Werte in einer Spalte mit einer %-Zahl ausgewiesen. Schließlich sollten Sie auch das Datum und den Grund der letzten Mieterhöhung in das dafür vorgesehene Feld eintragen.

Solche Informationen sind erforderlich für die Einschätzung, ob und wann Mieterhöhungen möglich sind. Eine Mieterhöhung nach § 558 BGB ist z.B. nur dann möglich, wenn die letzte Mieterhöhung mindestens 15 Monate her ist. Daher ist auch das Datum der letzten Mieterhöhung zu erfassen.[27] Eine solche Zusammenstel-

---

[27] Zur Vertiefung verweise ich auf mein weiteres Buch mit dem Titel „Vermietung & Mieterhöhung – Wegweiser zu Ihrem Erfolg". Sie finden das Buch auf der folgenden Internetseite: http://amzn.to/22FlloI

lung der Daten ist sehr hilfreich, um die Übersicht zu behalten über mögliche Mieterhöhungen, die natürlich möglichst zeitnah durchgeholt werden sollten, sobald diese rechtlich möglich sind.

Wohnungen/Stellplätze	Mieter	Wohnfläche in m²	Monatsmiete pro Einheit	Miete pro m²	Mietspiegelmiete pro m²	Δ Mietspiegel zur Ist-Miete in %	Mietbeginn	letzte Mieterhöhung	Grundlage Mieterhöhung
EG links	Meier	50	275,00 €	5,50 €	6,50 €	15,38%	01.01.2011	01.01.2014	Modernisierung (§ 559)
EG mitte	Müller	50	290,00 €	5,80 €	6,50 €	10,77%	01.02.2013	01.01.2014	Modernisierung (§ 559)
EG rechts	Schulze	50	225,00 €	4,50 €	6,50 €	30,77%	01.01.2009	01.01.2012	Mietspiegel (§ 558)
1. OG links	Gabler	65	357,50 €	5,50 €	7,20 €	18,06%	01.03.2010	01.01.2011	Mietspiegel (§ 558)
1. OG mitte	Gabler	65	422,50 €	6,50 €	7,20 €	9,72%	01.10.2010	01.01.2012	Mietspiegel (§ 558)
1. OG rechts	Neumann	65	396,50 €	6,10 €	7,20 €	15,28%	01.05.2010	01.01.2012	Mietspiegel (§ 558)
2. OG links	Horn	65	396,50 €	6,10 €	7,20 €	15,28%	01.06.2010	01.01.2012	Mietspiegel (§ 558)
2. OG mitte	Schmidt	65	442,00 €	6,80 €	7,20 €	5,56%	01.10.2013		Mietspiegel (§ 558)
2. OG rechts	Neuhaus	65	403,00 €	6,20 €	7,20 €	13,89%	01.04.2012	01.01.2014	Mietspiegel (§ 558)
3. OG links	Schiffel	65	442,00 €	6,80 €	7,20 €	5,56%	01.03.2012	01.01.2014	Mietspiegel (§ 558)
3. OG mitte	Gesuen	65	416,00 €	6,40 €	7,20 €	11,11%	01.04.2014		
3. OG rechts	Andorf	65	409,50 €	6,30 €	7,20 €	12,50%	01.03.2012	01.01.2014	Mietspiegel (§ 558)
4. OG links	Schiffer	65	409,50 €	6,30 €	7,20 €	12,50%	01.03.2012	01.01.2014	Mietspiegel (§ 558)
4. OG mitte	Lessing	65	409,50 €	6,30 €	7,20 €	12,50%	01.02.2012	01.01.2014	Mietspiegel (§ 558)
4. OG rechts	Goethe	65	403,00 €	6,20 €	7,20 €	13,89%	01.09.2010	01.01.2012	Mietspiegel (§ 558)
5. OG links			0,00 €						
5. OG mitte			0,00 €						
5. OG rechts			0,00 €						
6. OG links			0,00 €						
6. OG mitte			0,00 €						
6. OG rechts			0,00 €						
SUMMEN		**930,00**	**5.723,50 €**						
Stellplatz/Garage 1	Meier		50,00 €				01.01.2011		
Stellplatz/Garage 2	Müller		65,00 €				01.02.2013		
Stellplatz/Garage 3	Schulze		45,00 €				01.01.2009		
Stellplatz/Garage 4	Giesen		33,00 €				01.03.2009		
Stellplatz/Garage 5	Gabler		66,00 €				01.10.2010		
Stellplatz/Garage 6	Neumann		49,00 €				01.05.2010		
Stellplatz/Garage 7	Horn		58,00 €				01.06.2010		
Stellplatz/Garage 8	Schmidt		66,00 €				01.10.2013		
Stellplatz/Garage 9	Neuhaus		69,00 €				01.04.2012		
Stellplatz/Garage 10	Schiffel		75,00 €				01.03.2012		
SUMMEN			**581,00 €**						
Σ Gesamtmiete pro Monat			**6.304,50 €**						
Σ Gesamtmiete pro Jahr			**75.654,00 €**						

© M&E Books Verlag

"Geld verdienen mit Wohnimmobilien - Erfolg als privater Immobilieninvestor"
von Alexander Goldwein

ISBN-13: 978-0993950647

Link zum Buch bei Amazon: http://www.amazon.de/dp/0993950647

Legende:

Grün hinterlegte Felder zeigen Überschriften an.

Gelb hinterlegte Felder erfordern die Eingabe von Daten.

Orangerot hinterlegte Felder zeigen Endergebnisse an.

Weiß hinterlegte Felder zeigen Zwischenergebnisse an.

69

3. KONDITIONEN UND KOSTEN DES DARLEHENS

Das dritte Datenblatt trägt die Bezeichnung **„Finanzierung"**. Die auf der folgenden Seite eingefügte Graphik stellt einen Bildschirmausdruck dieses Datenblattes dar:

Auch hier gilt, dass Sie nur in die gelb hinterlegten Felder Daten eingeben können. Daraus werden in den weiß hinterlegten Feldern Zwischenergebnisse errechnet und in den orangerot hinterlegten Feldern werden Endergebnisse angezeigt, die vollautomatisch aus den Eingaben errechnet werden. Die Datenblätter sind über Formeln miteinander verknüpft. Die in dem Datenblatt **„Basisdaten"** eingetragenen Daten tauchen im Datenblatt **„Finanzierung"** wieder auf soweit sie die Grundlage für die weiteren Berechnungen darstellen. So finden Sie z.B. den Kaufpreis und die einmaligen Nebenkosten beim Kauf in den ersten Zeilen des Datenblattes wieder (siehe Felder D 4 und D 5).

Das Datenblatt stellt Ihnen die entscheidenden Eckdaten der Darlehensfinanzierung dar. Dazu gehört als besonders wichtige Information die Gesamtzinslast der Finanzierung, die in der letzten Zeile des Datenblattes abzulesen ist. Die Gesamtzinslast gibt an, wie viel Geld Sie insgesamt für Kreditzinsen aufwenden müssen, bis die Finanzierung vollständig zurückgeführt ist.

Masterskurs Immobilieninvestments

Berechnung des Finanzierungsbedarfs

Kaufpreis	680.000 €
Einmalige Kosten beim Kauf	97.508 €
Gesamtsumme der Kosten	**797.508 €**
Eigenkapital	110.000 €
Kreditbedarf	**647.508 €**

Disagio

Kreditbetrag	647.508 €
Auszahlung (in Prozent)	100%
Auszahlungsbetrag	647.508 €

Eckdaten der Kreditfinanzierung

	Variante 1	Variante 2	Variante 3	Variante 4	Variante 5
Zinssatz nominal (%)	2,50%	2,50%	2,50%	2,50%	2,50%
anfängliche Tilgung (%)	2,50%	1,30%	2,00%	3,00%	4,00%
jährliche Sondertilgung (% von Darlehensbetrag)[1]	0,00%	0,00%	0,00%	0,00%	0,00%
jährlicher Sondertilgungsbetrag in €	0,00 €	0,00 €	0,00 €	0,00 €	0,00 €
Summe Sondertilgungen in €	0,00 €	0,00 €	0,00 €	0,00 €	0,00 €
Monatliche Rate (Belastung)	**2.698 €**	**1.889 €**	**2.428 €**	**2.968 €**	**3.507 €**
Laufzeit in Jahren bis Volltilgung	**27,8**	**40,0**	**32,8**	**24,3**	**19,5**
Restschuld nach 5 Jahren	561.389 €	613.060 €	578.613 €	544.165 €	509.717 €
Restschuld nach 10 Jahren	463.815 €	574.031 €	500.854 €	427.077 €	353.600 €
Restschuld nach 15 Jahren	355.223 €	530.534 €	413.680 €	296.786 €	179.852 €
Restschuld nach 20 Jahren	228.011 €	478.709 €	311.910 €	144.111 €	0 €
Restschuld nach 25 Jahren	86.098 €	422.944 €	198.360 €	0 €	0 €
Restschuld nach 30 Jahren	0 €	358.628 €	69.790 €	0 €	0 €

Ergebnisse Zinsbelastung

	Variante 1	Variante 2	Variante 3	Variante 4	Variante 5
nach 5 Jahren	75.756 €	78.866 €	76.794 €	74.722 €	72.649 €
nach 10 Jahren	140.061 €	153.151 €	144.425 €	135.698 €	126.972 €
nach 15 Jahren	190.646 €	221.139 €	203.812 €	180.484 €	160.157 €
nach 20 Jahren	228.011 €	295.457 €	247.160 €	208.662 €	170.706 €
nach 25 Jahren	247.975 €	342.908 €	279.319 €	216.843 €	170.706 €
nach 30 Jahren	251.064 €	391.804 €	298.378 €	216.843 €	170.706 €
Gesamtzinslast bis Volltilgung	**251.064 €**	**462.203 €**	**298.628 €**	**216.843 €**	**170.706 €**

© M&E Books Verlag

"Geld verdienen mit Wohnimmobilien - Erfolg als privater Immobilieninvestor"
von Alexander Goldwein

ISBN-13: 978-0993950643

Link zum Buch bei Amazon: http://www.amazon.de/dp/0993950647

Legende:

Grün hinterlegte Felder zeigen Überschriften an.
Gelb hinterlegte Felder erfordern die Eingabe von Daten.
Orangerot hinterlegte Felder zeigen Endergebnisse an.
Weiß hinterlegte Felder zeigen Zwischenergebnisse an.

[1] Es wird im Tilgungsplan unterstellt, dass die Sondertilgung im Dezember erfolgt

Bauvdaten / Mietarlate / Finanzierung / Zins & Tilgungspläne / Cashflow & Rendite

71

Im Datenblatt „**Finanzierung**" müssen Sie zunächst die Höhe des verfügbaren Eigenkapitals in dem gelb hinterlegten Feld (siehe Feld D 9) eingeben. Daraus errechnet sich dann vollautomatisch der erforderliche Kreditbedarf, der als Ergebnis in einem orangerot hinterlegten Feld angezeigt wird (siehe Feld D 11). In dem folgenden fett umrandeten Feld mit der Überschrift Disagio können Sie einen Auszahlungsprozentsatz eingeben, wenn Sie ein Disagio vereinbart haben.

Besonders wichtig sind die Eingaben in dem folgenden Kasten mit der Überschrift „Eckdaten der Kreditfinanzierung".

Hier sind in den gelb hinterlegten Feldern die Daten für den Nominalzinssatz, den anfänglichen Tilgungssatz sowie etwaige Sondertilgungsrechte einzugeben (siehe Zeilen 21 bis 23).

Aus diesen Eckdaten werden unter Zugriff auf die zuvor eingegebenen Daten vollautomatisch in den folgenden Zeilen Zwischenergebnisse und Endergebnisse angezeigt. Dazu gehören die Höhe der sich ergebenden monatlichen Kreditrate, die Anzahl der Jahre bis zur Volltilgung des Darlehens sowie schließlich die Höhe der Restschuld und der aufgelaufenen Zinsbelastung in € in zeitlichen Abständen von 5 Jahren.

Das Berechnungstool weist die Besonderheit auf, dass Sie insgesamt 5 Varianten von Eckdaten der Kreditfinanzierung nebeneinander eingeben können. Die Ergebnisse der Varianten werden vollautomatisch für alle Varianten durchgerechnet und übersichtlich nebeneinander dargestellt in den Spalten mit den Überschriften Variante 1 bis 5. Diese Funktionalität werden Sie schon bald sehr schätzen lernen. Denn Sie ermöglicht es, schnell und übersichtlich die Entwicklung der Darlehenskosten zu betrachten, die sich bei unterschiedlichen Eckdaten ergeben. **Aber bitte beachten Sie unbedingt, dass allein die bei Variante 1 eingetragenen Werte der weiteren Kalkulation in dem Berechnungstool und insbesondere der im nachfolgenden Abschnitt vorgestellten Cash-Flow-Rechnung zugrunde gelegt werden.** Die Varianten 2 bis 5 dienen nur der Orientierung.

In dem letzten Kasten ganz unten auf dem Datenblatt finden Sie schließlich die Werte für die auflaufende Gesamtzinslast bei der Kreditfinanzierung in Abständen von 5 Jahren. In der letzten Zeile des Datenblattes ist die Gesamtzinslast bis zur vollständigen Rückführung der Kreditfinanzierung ausgewiesen. Hier können Sie sehr schön ablesen, wie sich die Gesamtzinslast verändert, wenn Sie die Eckdaten der Finanzierung verändern. Wie Sie sehen, können Sie mit diesem Rechentool relativ einfach komplexe Berechnungen durchführen und haben damit ein optimales Steuerungsinstrument für Ihre Kreditfinanzierung in der Hand.

An dieser Stelle möchte ich noch einmal darauf hinweisen, dass es falsch ist, dass bei Renditeimmobilien eine möglichst hohe Darlehenszinslast angestrebt werden sollte, weil die Darlehenszinsen von der Steuer abgesetzt werden können. Es ist zwar richtig, dass Darlehenszinsen bei Renditeimmobilien von der Steuer abgesetzt werden können. Das heißt aber noch lange nicht, dass es vorteilhaft ist, möglichst hohe Darlehenszinsen anzustreben. Denn über die Absetzung der Zinsen von der Steuer kann man nur Steuerersparnisse in Höhe von maximal dem Spitzensteuersatz erreichen. Es sollte daher selbstverständlich angestrebt werden, das Darlehen möglichst zügig zu tilgen und damit die Zinslast zu reduzieren.

Das vierte Datenblatt mit der Bezeichnung „**Zins & Tilgungspläne**" enthält die vollständigen und sehr umfangreichen Zahlenreihen, die den angezeigten Ergebnissen im Datenblatt **Finanzierung** zugrunde liegen. An diesem Datenblatt sollten Sie nichts manuell verändern, weil auch das nachfolgende und letzte Datenblatt **Cashflow & Rendite** auf die Zahlen dieses Zins- und Tilgungsplanes zurückgreift.

4. Cash-Flow & Rendite mit 10 Jahresprognose

Auf dem vierten und letzten Datenblatt des Rechentools mit der Bezeichnung **„Cash-Flow & Rendite"** erhalten Sie ausführliche Berechnungen unter Berücksichtigung aller Ertrags- und Kostenpositionen. Auf der nachfolgenden Seite ist als Graphik ein Bildschirmausdruck dieses Datenblattes eingefügt.

Es werden wichtige Ertragskennzahlen wie z.B. die Eigenkapitalrendite berechnet. Darüber hinaus wird die Steuerlast mit eingerechnet, so dass auch Nachsteuerrenditen ausgeworfen werden können. Diese Werte werden aus den in den vorhergehenden Datenblättern eingegebenen Daten vollautomatisch errechnet.

In diesem Datenblatt sind nur noch wenige Felder für Eingaben vorgesehen. Dabei handelt es sich u. a. um außerordentliche Instandhaltungskosten, die in den veranschlagten Quadratmeterpauschalen nicht abgebildet sind (Zeile 7) und schließlich um Annahmen für die Indexierung von Bewirtschaftungskosten und Mieteinnahmen. Diese Werte sind in dem oberen rechten Kasten einzugeben, der die Überschrift **„Hinterlegte Werte"** trägt.

Die Daten werden für einen Zeitraum von 10 Jahren dargestellt. Im ersten Jahr wird dabei auf die tatsächlichen Daten aus den Mietverträgen zum Zeitpunkt der Anschaffung abgestellt (Spalte C). In den Folgejahren werden diese mit den hinterlegten Annahmen vollauto-matisch indexiert. Dabei werden die Bewirtschaftungs-kosten **jedes Jahr** mit dem hinterlegten %-Satz erhöht und die Mieten nur **jedes zweite Jahr**. Diese Annahme hängt mit § 558 BGB zusammen, der eine Steigerung der Miete in Richtung ortsüblicher Marktmiete nur zulässt, wenn seit der letzten Mieterhöhung mindestens 15 Mo-nate vergangen sind.

Cash-Flow & Renditeprognose

Jahr	1	2	3	4	5	6	7	8	9	10	Summen	Hinterlegte Werte	% - Satz
Mieteinnahmen vor Kosten	76.654,00 €	79.436,70 €	79.436,70 €	83.408,54 €	83.408,54 €	87.578,96 €	87.578,96 €	91.957,91 €	91.957,91 €	96.555,81 €	856.974,02 €	Einkommensteuersatz[1]	42,00%
Bewirtschaftungskosten	14.760,00 €	14.981,40 €	15.206,12 €	15.434,21 €	15.665,73 €	15.900,71 €	16.139,22 €	16.381,31 €	16.627,03 €	16.876,44 €	157.972,17 €	Indexierung Bewirtschaftungskosten	1,50%
Außerordentliche Kosten											0,00 €	Abschreibungssatz Gebäude	2,00%
Mieteinnahmen nach Kosten	60.894,00 €	64.455,30 €	64.230,58 €	67.974,32 €	67.742,81 €	71.678,25 €	71.439,74 €	75.576,60 €	75.330,88 €	79.679,37 €	699.001,85 €	Mietsteigerung (alle 2 Jahre)	5,00%
Darlehenszinsen	16.000,92 €	15.586,84 €	15.162,28 €	14.726,99 €	14.280,69 €	13.823,10 €	13.353,94 €	12.872,92 €	12.379,73 €	11.874,07 €	140.061,46 €		
Operatives Ergebnis	44.893,08 €	48.868,46 €	49.068,30 €	53.247,34 €	53.462,12 €	57.855,15 €	58.085,80 €	62.703,68 €	62.951,15 €	67.805,30 €	558.940,39 €		
Abschreibung Gebäudewert	5.478,16 €	5.478,16 €	5.478,16 €	5.478,16 €	5.478,16 €	5.478,16 €	5.478,16 €	5.478,16 €	5.478,16 €	5.478,16 €	54.781,60 €		
Ergebnis vor Steuern	39.414,92 €	43.390,30 €	43.590,14 €	47.769,18 €	47.983,96 €	52.376,99 €	52.607,64 €	57.225,52 €	57.472,99 €	62.327,14 €	504.158,79 €		
Eigenkapitalrendite vor Steuern	35,83%	39,45%	39,63%	43,43%	43,62%	47,62%	47,83%	52,02%	52,25%	56,66%	458,33%		
Steuern (incl. Solidaritätszuschlag)	17.464,75 €	19.205,24 €	19.314,79 €	21.166,52 €	21.261,69 €	23.208,25 €	23.310,45 €	25.356,63 €	25.466,29 €	27.617,16 €	223.392,76 €		
Ergebnis nach Steuern vor Tilgung	21.950,17 €	24.164,06 €	24.275,35 €	26.602,65 €	26.722,27 €	29.168,75 €	29.292,19 €	31.868,89 €	32.006,71 €	34.709,99 €	280.760,03 €		
Einkapitalrendite nach Steuern	19,95%	21,97%	22,07%	24,18%	24,29%	26,52%	26,63%	28,97%	29,10%	31,55%	255,24%		
Tilgung Darlehen	16.374,48 €	16.788,56 €	17.213,12 €	17.648,41 €	18.094,71 €	18.552,30 €	19.021,46 €	19.502,48 €	19.995,67 €	20.501,33 €	183.692,54 €		
Ergebnis nach Steuern ./. Tilgung	5.575,69 €	7.375,50 €	7.062,23 €	8.954,24 €	8.627,55 €	10.616,44 €	10.275,73 €	12.366,41 €	12.011,04 €	14.208,65 €	97.073,49 €		
Freier Cash-Flow[2]	11.053,85 €	12.853,66 €	12.540,39 €	14.432,40 €	14.105,71 €	16.094,60 €	15.753,89 €	17.844,57 €	17.489,20 €	19.686,81 €	161.855,09 €		
Gewinnentnahmen				14.432,40 €	14.105,71 €			17.844,57 €	17.489,20 €	19.686,81 €	63.871,80 €		
Zuführung Rücklage	11.063,85 €	12.853,66 €	12.540,39 €			16.094,60 €	15.753,89 €				87.983,21 €		
Stand Rücklagen	11.063,85 €	23.907,51 €	36.447,89 €	36.447,89 €	36.447,89 €	52.542,49 €	68.296,39 €	68.296,39 €	87.983,21 €	87.983,21 €	87.983,21 €		
Stand Restvaluta Darlehen	631.133,32 €	614.344,96 €	597.131,84 €	579.483,42 €	561.388,71 €	542.836,41 €	523.814,95 €	504.312,46 €	484.316,79 €	463.815,46 €	463.815,46 €		

Legende:

Grün hinterlegte Felder zeigen Überschriften an.

Gelb hinterlegte Felder erfordern die Eingabe von Daten.

Orangen hinterlegte Felder zeigen Endergebnisse an.

Weiß hinterlegte Felder zeigen Zwischenergebnisse an.

[1] Für Einkommen ab € 52.882 liegt der Steuersatz bei 42 %. Erst ab € 250.731 steigt er auf den Spitzensteuersatz von 45 % am Hinzu kommt der Solidaritätszuschlag von 5,5 % der Steuern

[2] In diese Position ist die AfA vom Gebäudewert wieder eingerechnet, da sie keinen Mittelabfluss darstellt und die Liquidität nicht belastet.

© M&E Books Verlag

"Geld verdienen mit Wohnimmobilien – Erfolg als privater Immobilieninvestor"

von Alexander Goldwein

ISBN-13: 978-0993950643

Link zum Buch bei Amazon: http://www.amazon.de/dp/0993950647

Beispiel | Mietkalk. | Finanzierung | Zins & Tilgungsplan | CashFlow & Rendite

Die Berechnungen auf diesem Datenblatt greifen vollautomatisch über Formeln auch die Daten der Darlehensfinanzierung wie z.B. Zinslast und Tilgung ab. Wichtig ist dabei, dass Sie die relevanten Daten der Darlehensfinanzierung im Datenblatt **„Finanzierung"** bei der **Variante 1** eintragen. Denn nur diese Daten werden abgegriffen und in diese Berechnungen überführt.

Die Zeile 20 in diesem Datenblatt ist mit der Bezeichnung **„Freier Cash-Flow"** deklariert. Das ist ein sehr wichtiger Wert. Er zeigt Ihnen an, wie viel Geld tatsächlich am Ende des Jahres von den Mieteinnahmen übrig bleibt. Dieser Wert sollte immer ordentlich positiv sein. Sonst ist die Kalkulation „auf Kante" genäht und mit hohen Risiken behaftet.

Dieses Datenblatt sieht darüber hinaus zwei Zeilen vor, in denen Angaben gemacht werden können, in welcher Höhe der freie Cash-Flow als Gewinn entnommen oder der Rücklage zugeführt wird (Zeile 22 und 23). So hat das Rechentool für Sie langfristig einen Wert, weil es Ihnen auch zukünftig einen Überblick verschafft über die vorhandenen Mittel. Sie müssen dazu lediglich die in den gelben Feldern vorgesehenen Eingaben machen und diese jährlich fortschreiben.

Die letzte Zeile des Datenblattes weist für jedes Jahr die Höhe der Restvaluta der Darlehensfinanzierung aus. Das ist zwar kein Wert, der mit dem Cash-Flow und der Rendite zusammenhängt. Aber gleichwohl ist dieser Wert für Sie interessant, weil er Ihnen eine Orientierung gibt, inwieweit sich das Verhältnis von Eigenkapital und

Darlehen im Laufe des Bewirtschaftungszeitraumes von 10 Jahren zu Ihren Gunsten verändert.

BONUSMATERIAL

Als Bonusmaterial zu diesem Ratgeber ist ein mächtiges Berechnungstool verfügbar, mit dem Sie alle wichtigen Eckdaten einer Renditeimmobilie erfassen können. Als Erwerber dieses Buches erhalten Sie das Tool kostenlos als Bonus, wenn Sie per Email einen Downloadlink anfordern: mk2@alexander-goldwein.de

Das Berechnungstool wurde mit größtmöglicher Sorgfalt erstellt. Für die Richtigkeit ist eine Haftung des Autors oder des Verlages ausgeschlossen.

DER AUTOR

Alexander Goldwein ist gelernter Jurist und hat einen internationalen Bildungshintergrund. Er hat in drei Staaten in drei Sprachen studiert. Er ist mit Kapitalanlagen in Immobilien self-made Millionär geworden.

Als Autor und Berater hat er zahlreiche Menschen zu wirtschaftlichem Erfolg geführt. Goldwein verfügt über eine große

Bandbreite praktischer Erfahrung aus seiner Tätigkeit als Jurist in der Rechtsabteilung einer Bank sowie als kaufmännischer Projektleiter in der Immobilienbranche. In seiner praktischen Laufbahn hat er Immobilieninvestments in den USA und in Deutschland aus wirtschaftlicher und rechtlicher Sicht begleitet und verantwortet. Durch seine Bücher hat Goldwein sich bei privaten Kapitalanlegern einen legendären Ruf erarbeitet, weil er mit seinen ganzheitlichen Erklärungsansätzen den idealen Nährboden für gelungene Investitionen in Wohnimmobilien erzeugt. Mit eigenen Investitionen in Immobilien hat er ein beachtliches Vermögen aufgebaut und wirtschaftliche Unabhängigkeit erlangt.

Goldwein verfolgt konsequent den Ansatz, komplexe Themen einfach zu erklären, so dass auch Anfänger ohne Vorkenntnisse mühelos folgen können. Er erreicht so alle, die gerne in Immobilien investieren würden, aber bisher noch keinen Zugang zu dem notwendigen Fachwissen erhalten haben. Leider werden Grundkenntnisse des Investierens und des klugen Umgangs mit Geld in unserem Bildungssystem sträflich vernachlässigt. So erklärt sich, dass viele Menschen sich damit schwer tun und ihre Chancen nicht richtig nutzen.

GELD VERDIENEN MIT WOHNIMMOBILIEN

Erfolg als privater Immobilieninvestor

Als gebundene Ausgabe, Taschenbuch und eBook bei
Amazon erhältlich:

http://amzn.to/22FkyNs

ISBN: 978-0993950643 (Taschenbuch)

ISBN: 978-0994853332 (Gebundene Ausgabe)

STEUERLEITFADEN FÜR IMMOBILIENINVESTOREN

Der ultimative Steuerratgeber für Privatinvestitionen in Wohnimmobilien

Als gebundene Ausgabe, Taschenbuch und eBook bei Amazon erhältlich:

http://amzn.to/2ecvfF2

ISBN: 978-0994853363 (Taschenbuch)

ISBN: 978-0994853387 (Gebundene Ausgabe)

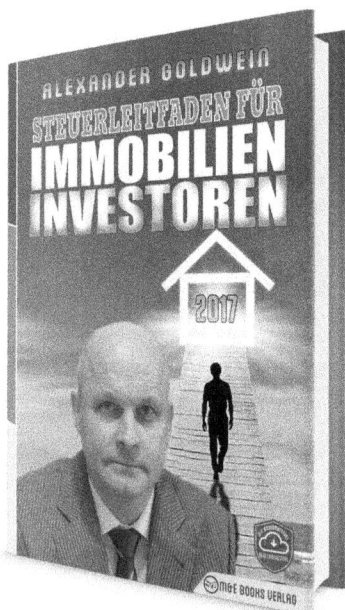

VERMIETUNG & MIETERHÖHUNG

Wegweiser zu Ihrem Erfolg: Mit anwaltsgeprüftem Mustermietvertrag

Als gebundene Ausgabe, Taschenbuch und eBook bei Amazon erhältlich:

http://amzn.to/22FlloI

ISBN: 978-0994853318 (Taschenbuch)

ISBN: 978-0994853394 (Gebundene Ausgabe)

IMMOBILIEN STEUEROPTIMIERT VERSCHENKEN&VERERBEN

Erbfolge durch Testament regeln & Steuern sparen mit Freibeträgen & Schenkungen von Häusern & Eigentumswohnungen

Als gebundene Ausgabe, Taschenbuch und eBook bei Amazon erhältlich: http://amzn.to/2cAaoPs
ISBN: 978-0994853370 (Taschenbuch)
ISBN: 978-0994853349 (Gebundene Ausgabe)

DIE GESETZE VON ERFOLG & GLÜCK

Ihr Weg zu finanzieller Freiheit & Zufriedenheit

Als gebundene Ausgabe, Taschenbuch und eBook bei Amazon erhältlich:

http://amzn.to/2pPSAAm

ISBN: 978-3947201013 (Taschenbuch)

ISBN: 978-3947201136 (Gebundene Ausgabe)

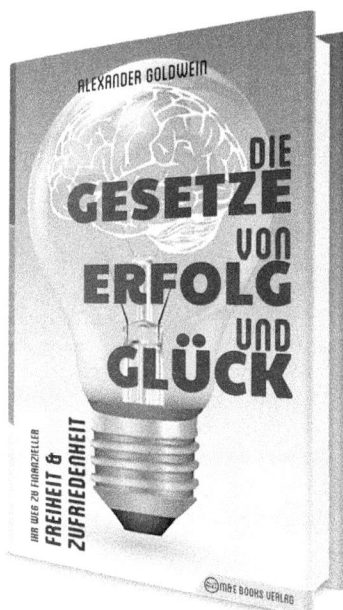

IMMOBILIENFINANZIERUNG FÜR EIGENNUTZER

Ratgeber für Kauf, Bau & Kredit

Als gebundene Ausgabe, Taschenbuch und eBook bei Amazon erhältlich:

http://amzn.to/2tCIoAc

ISBN: 978-3947201099 (Taschenbuch)

ISBN: 978-3947201105 (Gebundene Ausgabe)

FERIENIMMOBILIEN ALS KAPITALANLAGE

Ferienwohnungen und Ferienhäuser im Inland & Ausland erwerben, finanzieren & vermieten

Als gebundene Ausgabe, Taschenbuch und eBook bei Amazon erhältlich:

http://amzn.to/

ISBN: 978-3947201150 (Taschenbuch)

ISBN: 978-3947201167 (Gebundene Ausgabe)

www.ingramcontent.com/pod-product-compliance
Lightning Source LLC
Chambersburg PA
CBHW071501210326
41597CB00018B/2642